Bielefeld liegt am Teutoburger Wald, hat Dr Oetker, den Ostwestfalendamm, die Nähmaschinenindustrie, die einst gelobte Sennestadt und keine Folklore. Zugleich ist dieser Ort Gegenstand unzähliger Witze, und als solcher in der ganzen Bundesrepublik bekannt. Es gibt sogar die Behauptung, die Stadt Bielefeld existiere gar nicht, und sei lediglich Gegenstand einer großangelegten Verschwörung. Was aber ist Bielefeld wirklich? Dieser Band gibt Antwort.

Jörg Sundermeier und Werner Labisch gaben gemeinsam mit Verena Sarah Diehl im Jahr 2002 im Verbrecher Verlag das „Kreuzbergbuch" heraus, 2003 folgten „Mittebuch" und „Neuköllnbuch".

Bielefeldbuch

herausgegeben von
Jörg Sundermeier
Werner Labisch

Erste Auflage
Verbrecher Verlag Berlin 2003
www.verbrecherei.de

© für diese Ausgabe: Verbrecher Verlag 2003
© Texte und Bilder bei den jeweiligen AutorInnen
Umschlagfotografie: Meike Jansen
Gestaltung: Sarah Lamparter
Druck: Dressler, Berlin
Printed in Germany

ISBN: 3-935843-27-5

Der Verlag dankt Verena Sarah Diehl, Monika Großerüschkamp
und Martin Schlögl

INHALT

	1	VORWORT
Judith Berges	5	PUNKER-ABI
Ambros Waibel	11	STALKING RUND UM BIELEFELD
Michael Girke	15	LOS IHR ÄRSCHE, AB INS SOUNDS
Käthe Kruse	25	NUR ZU BESUCH
Paul Kaltefleiter	33	DAS BIELEFELDER AFFENHAUS
Silvia Bose	39	HASS-LIEBE
Tatjana Doll	45	BEI MEINER MUTTER
Schneider	51	ÜBERRASCHUNGSEIER
Martin Heckmanns	57	BRAKE BEI BIELEFELD
Volker Backes	63	IM SALON
Klaus Linnenbrügger	67	1:8
Lutz Erkenstädt	71	NICHT AM
Katja Dammann	73	DIE SCHÖNSTE STUDENTIN GEHT ZUR UNI
Jochen Möller	77	BESINNUNGSAUFSATZ
Andreas Rüttenauer	81	OPFER, GEGNER
Katz & Goldt	85	DAS VIERKINDERGRAB
Luka Skywalker	87	DIE JOHANNISLUST
Michael Baute	95	BIELEFELDER TAGEBUCH 1990-95
Rembert Hüser	107	MOBY DICK

Monika Großerüschkamp	109	ILL COMMUNICATION
Verena Sarah Diehl	121	MORGENBREDE
Max Müller	127	URLAUB IN BIELEFELD
Oliver Grajewski	133	AUS EINER MÜCKE
Bernadette La Hengst	137	LASS SIE DOCH ALT WERDEN.
Florian Kirchhof	139	FLINGERN FEHLT
Jens Kirschneck	143	KOCHSCHINKEN IN BELIEBIGER MENGE
Naatz (der)	151	KAFF KAESMEN
Wolfgang Müller	157	BIELEFELD WÄHREND MEINER ABWESENHEIT
Silke Wollgarten	167	DAS GROSSE SCHWEIGEN
Katja Striethörster	169	DEREN TAGE NICHT WIEDERKEHREN
Nicole Mahne	175	HOMMAGE AN DIE ZUVERSICHT
Christian Y. Schmidt	181	GEGENWELT BIELEFELD
	191	DIE AUTORINNEN UND AUTOREN

VORWORT

Bielefeld lässt sich gern eine „ostwestfälische Metropole" nennen. „Im Jahre 1214 vom Ravensberger Grafen Hermann IV als Kaufmannstadt gegründet, hat sich Bielefeld sozusagen am ‚leinenen Faden' zur Großstadt entwickelt. Heute präsentiert sich die Universitätsstadt als lebendige wirtschaftliche und kulturelle Metropole des ostwestfälischen Wirtschaftraumes mit rund zwei Millionen Menschen", heißt es auf der Website der Stadt.

1214, als Bielefeld noch Biliuelde hieß, war es eine Kaufmannstadt, der industrialisierte Leinenhandel brachte die Schwerindustrie mit sich, die Spinnerei Vorwärts, die Ravensberger Spinnerei, Gildemeister, Dürkopp oder die Adler-Werke entstanden, schließlich kam Dr. Oetker. Heute wird Bielefeld vor allem mit dem Namen Oetker verbunden. Denjenigen, die sich mit Medizingeschichte beschäftigen, fallen hingegen die Von Bodelschwinghschen Anstalten ein, die den Stadtteil Bethel prägen. Fußballfans haben selbstredend von der Arminia Bielefeld gehört.

In den Dreißiger Jahren des 20. Jahrhunderts war Bielefeld, nicht ohne Zutun des hiesigen, der NSDAP teilweise sehr zugeneigten Großbürgertums, eine selbstzufriedene Stadt. Die Synagoge wurde unter Jubel abgebrannt, etwa 10000 Menschen aus der Region wurden verschleppt und größtenteils ermordet, zugleich ehrte man Horst Wessel, einen Zuhälter, der das berüchtigte „Die Fahne hoch..."-Lied für die SA gereimt hatte, als einen großen Sohn der Stadt. Davon spricht man heute nicht.

Nach dem Krieg, in dem die Innenstadt weitgehend zerstört wurde – schließlich fand in den innenstädtisch gelegenen Werken auch Rüstungsproduktion statt –, wurde die Stadt wieder aufgebaut, bei dem Aufbau aber muss sich Größenwahn der sonst so pragmatischen Ostwestfalenhirne bemächtigt haben. Man träumte von einem Flughafen, von Stadtautobahnen, ja Autobahnkreuzen in der Innenstadt, und vielleicht wäre Bielefeld tatsächlich eine glitzernde Großstadt geworden, hätte es nur irgendjemand finanziert.

In den siebziger Jahren gründete man die Universität. Die Universität wiederum brachte immerhin – nach den oft in anderen Teilen Deutschlands gedungenen Industriearbeiterinnen und -arbeitern, die allerdings von den Einheimischen gemieden wurden – eine Unzahl von Fremden in die Stadt. Zeitgleich gründeten sich sehr viele lokale kulturelle Initiativen, das Theater machte von sich reden, eine große linksalternative Szene entstand, kurzzeitig war Bielefeld eine westdeutsche Hausbesetzerhochburg. In den Achtziger und Neunziger Jahren machte Bielefeld mit Musik von sich reden, es wurde einige Jahre sogar als das „deutsche Seattle" gehandelt.

1973 wurde der Landkreis Bielefeld aufgelöst und Heepen, Jöllenbeck, Dornberg, Gadderbaum, Senne I sowie die in den Fünfziger Jahren weltberühmte Sennestadt und die Stadt Brackwede wurden mit Bielefeld zur Großstadt Bielefeld zusammengefasst. Diese Großstadt allerdings verlor nicht viel von ihrem provinziellen Charakter. Einige große Magazine machten es sich in den Achtziger Jahren zum Spaß, West-Berlin, wenn sie es beschimpfen wollten, als „Groß-Bielefeld" zu bezeichnen.

Nun also ist Bielefeld eine Metropole, wenn auch nur für die Dörfer des Umlandes. Es lässt sich in Bielefeld leben, es lässt sich aus Bielefeld flüchten, manche haben in Bielefeld ihre schönste Zeit gehabt. Die Beiträge dieses Buches zeigen Bielefeld als Urlaubsort und als Hassobjekt, als verwirrende Stadt und als zu kleiner Fleck, sie erklären nichts und beschreiben doch so einiges, was wir für Bielefeld-typisch halten.

2

Das erste Buch des Verlages, in dem das „Bielefeldbuch" nun erscheint, wurde in Berlin und in Bielefeld produziert. Wir hatten eine ganz gute Zeit dort.

Berlin, im November 2003
Jörg Sundermeier, Werner Labisch

PUNKER-ABI

Judith Berges

Bei meiner Ankunft war ich sechzehn und bis aufs Blut deprimiert. Ich war sicher, mein Leben würde niemals richtig anfangen. Tatsächlich war mein Plan gewesen: Wenn sich der Zustand nach dem Umzug nicht bessert, dann soll es vorbei sein! Bielefeld oder der Tod! Zwar erklärt das die Wurzel meiner emphatischen Beziehungen zu dieser Stadt. Doch es ist gut, dass man auch älter wird. Jedenfalls schien Bielefeld mir zu sagen: du hast hier eine Chance, dir noch so etwas wie eine normale Jugend anzuschaffen. Eine wahre Geschichte für den Rest deines Lebens, eine Geschichte, die dich als ein akzeptables menschliches Wesen ausweist. Und ich griff zu.

Im Schutz von Bielefelds Provinzialität und verträumter Selbstgenügsamkeit probierte ich aus, wie es gehen könnte, das zu sein, was ich sein wollte. Wenn ich damals direkt nach Berlin gezogen wäre, dann wäre ich einfach verloren gegangen. In Bielefeld jedoch gedieh ich wie im Gewächshaus. Es begann mit einem schlichten Satz: „Wir sehen uns", sagte ein Jurastudent namens Olaf Müller, der das Appartement 311 im Studentenwohnheim Stennerstraße bewohnte, nachdem wir uns auf dem Flur bekannt gemacht hatten. Ich zerrte gerade zwei geliehene Koffer aus dem Fahrstuhl zum Appartement 309, und er kam adrett im fliederfarbenen Baumwollhemd zu dunkelblauer Bundfaltenhose aus seiner Wohnungstür, eine schwarze Aktentasche unter dem Arm. Er sah nicht aus wie jemand, mit dem mich besonders viel verbinden könnte. Doch das machte in diesem Moment überhaupt nichts. Seine

Freundlichkeit war eine Offenbarung, ein Symbol. In diesem beiläufigen Ausspruch hieß Bielefeld mich mit offenen Armen willkommen. Das war im Sommer 1994. Ich kam, um am Oberstufenkolleg mein Abitur zu machen, und es stand fest, dass ich nach bestandener Abschlussprüfung wieder irgendwo anders hingehen würde – in eine große Stadt. Zunächst kam nur Bielefeld in Frage, da es das Oberstufenkolleg in genau dieser Form in Deutschland nur einmal gibt.

Bielefeld hat mich gerettet. Vielleicht hat jede Stadt das Potential, irgendjemanden zu retten, und es kommt nur auf die Chemie an und auf den richtigen Moment, genau wie wenn man sich verliebt. „Sie ist nicht wie die anderen Städte! Sie ist etwas ganz besonderes!" So ist es. Bielefeld ist nicht wie die anderen, und nein, ich bin weder in Bielefeld geboren und nie herausgekommen noch im unmündigen Alter dorthin gebracht worden, ich kannte schon einige andere Orte, ich habe Vergleichsmöglichkeiten. Sonst könnte ich schließlich kaum von Rettung sprechen.

Voltaire meinte, in Westfalen lebten die, höflich ausgedrückt, unbedarftesten Menschen Europas. Und schon der Name der Region spricht für sich: Ostwestfalen-Lippe. Nichts an diesem Namen scheint für sich selbst stehen zu können. Nicht Falen, sondern Westfalen, nicht Westfalen, sondern, schönes Paradox, Ostwestfalen. Und nicht einmal das ist Festlegung genug. Das alles zusammen klingt nach Süd-Nord-Wind und einer kaum kaschierten Ortlosigkeit. Vielleicht eignet sich Bielefeld eben aus diesem Grund so gut zu einer Mischung aus Versuchsfeld und Spielplatz. Das macht es einerseits schwierig, sich zu identifizieren, daraus erklärt sich vielleicht die Empfänglichkeit mancher Bielefelder, die ihren Horizont durch Reisen, Umziehen, Musik oder Literatur zu erweitern trachteten, für ein ironisches Verhältnis zu ihrer angeborenen Heimat. Doch wenn man weder sein ganzes Leben dort verbracht hat, noch aus einem mehr oder weniger erfüllten Leben irgendwo anders heraus gezwungen wird, dort hinzuziehen, wenn man sozusagen völlig freischwebend ohne Ort und ohne Geschichte dort ankommt, dann macht es dieser Mangel an Prägnanz leicht, dort zu leben. Schnell gehört man dort hin, ohne dass man sehr dafür kämpfen müsste. Zu Bielefeld kann man gut eine offene Beziehung unterhalten. Und es hat mir gestattet, es als eine Art Heimat anzunehmen. Unter allen Orten, von denen ich sagen könnte, da komme ich her, ist Bielefeld die Nummer eins.

Bielefeld ist ruhig. Friedlich. Verschlafen. Es ist das Gegenteil von anstrengend. Es hat seinen Großstadtstatus von der Eingemeindung umeinander verstreuter Dörfer, und das merkt man: Nirgendwo verdichtet es sich zu dem geballten urbanen Wust, den man von wirklichen Großstädten kennt. Es ist, als bewegten sich in Bielefeld einfach die Atome nicht schnell genug, um eine hohe Dichte zu erreichen. Rund um Bielefeld gibt es nichts. Da ist die ostwestfälische Steppe. Folglich ist Bielefeld ein Zentrum, dessen Energien nicht durch die Nähe einer benachbarten größeren Stadt abgezogen werden. Köln und Hamburg sind weit, und wer will ins Ruhrgebiet? In Bielefeld tut eine Mischung aus einheimischer Jugend und Studenten von Auswärts ihr Bestes, um sich den Aufenthalt in der Stadt angenehm zu machen, von dem die meisten nicht müde werden zu betonen, er sei nur zeitweilig: Hamburg, Berlin, ja, oder Köln, mal sehen, nächsten Frühling aber ganz bestimmt. Oder doch eine Kate oder ein ausgebauter Bauwagen auf dem Land.

Bielefeld ist weder Kleinstadt-Tristesse noch wüste Industriestadt, zwei beliebte Mythologien mittlerer Städte. Es liegt nur ruhig und flächig da in der grünen, regengesättigten Landschaft. Ich habe mich auf der Stelle wohl gefühlt. Ich mochte die grüne, hügelige Umgebung. Ich mochte das Wetter. In Bielefeld gibt es viel Regen und Nebel, da fühlte ich mich heimisch.

Von dem sauberen, ordentlichen und unpersönlichen Studentenwohnheim zog ich in das sogenannte Kollegiatenwohnheim auf dem Unigelände. Grau und schrammelig ragt es zwischen Parkhaus, Unigebäude und Gebüsch aus dem Neonlicht wie aus einer Mondlandschaft. Das Fatale war, dass man die Mondlandschaft praktisch nicht verlassen musste: man wohnte dort, konnte auf dem Campus einkaufen und im Wald spazieren gehen, wenn einem der Sinn danach stand. Im Wohnheim gab es verschiedenste Arten von Musik und Rauschmitteln für jeden, der wollte, und zu den Kursen konnte man mal eben ins Kolleg rüberschlurfen, was einige dann nach einer Weile auch nicht mehr getan haben. Ich nahm das alles auf wie einen Film, den ich gleichzeitig sah und selbst in ihm spielte, und vermutlich brauchte es auch diese distanzierte Haltung, die mir selber damals nicht bewusst war, um es so aufregend und wundervoll zu finden. Das habe ich jetzt erlebt, sagte ich mir, und nur in ganz wenigen Momenten trat mir etwas so nahe, dass ich völlig in die Situation hinein glitt.

So wie Bielefeld in seiner friedlichen Gleichmut ein Zwischenstopp war, von dem am Ende doch ein reales Heimatgefühl blieb, so war diese Zeit eine Art Versuchsanordnung mit lebenden Menschen, ein Übergang zwischen der Leere meiner frühen Jugend und dem Eintritt in ein Leben voll wirklicher Ereignisse mit wirklichen Konsequenzen. Bisher hatte ich in dem Gefühl gelebt, die Welt um mich herum sei ein einziges Gewirr von Zeichen und Spuren, nur ich schaffte es nicht, meine eigene Spur darin zu hinterlassen, ich kam einfach nicht hinein, funktionierte nicht darin und sei dazu verdammt, all meine Zeit schweigend in einem kleinen geschlossenen Paralleluniversum dahinzuleben. Ich hatte ein Bild von mir selbst als Sonderling, und das war ich auf dem Gymnasium, das ich bis zum zehnten Schuljahr besucht hatte, vermutlich auch gewesen. Dann kam ich am ersten Morgen in das Kolleg, steif wie ein Stock und den inneren Mantelkragen hochgeschlagen bis zum Haaransatz, und alles war voll von Sonderlingen. Es gab keinerlei Homogenität: Alter, Sprachen, Hautfarbe, Kleidungsstil, Auftreten, Staatsangehörigkeit, Religion, Herkunft, Geschichte, alles war gemischt, unterschiedlich, und mit wem man auch redete, man bekam einen komplexen und mehr oder minder verwickelten Bericht darüber zu hören, wie und weshalb es diese Person hierher verschlagen hatte. Und, genau so wichtig: welcher Plan sich damit verband. Denn das Besondere an dieser und ähnlichen Bildungseinrichtungen ist ja, dass man nicht dort ist, weil man siebzehn Jahre alt und mit dem Prädikat „für die höhere Schulbildung geeignet" ausgewiesen und von Mama oder Papa um sechs Uhr dreißig geweckt worden und dann eben aufgestanden und hingegangen ist, weil es gar nicht anders sein könnte. Sondern jeder, der dort herumlief, hatte schon etwas mit sich vor, es stand eine bewusste Entscheidung hinter seiner bloßen Anwesenheit, und entsprechend war das Engagement. Zum Teil waren die Pläne, die mit der Entscheidung zusammenhingen, von bezaubernder Weltfremdheit, zum Teil waren sie entschieden pragmatisch motiviert, und in manchen Fällen beides zugleich.

Diese Zweiheit ist bezeichnend. Denn zum Einen erforderte es ein beträchtliches Maß an sozialem Austausch und an Disziplin, auf dem Kolleg zurechtzukommen und vor allem einfach nur bei der Stange zu bleiben, und die Tatsache, dass die meisten Kollegiaten nebenbei ihren Lebensunterhalt verdienen mussten, sorgte für eine gewisse penetrante Anwesenheit der Wirklichkeit. Andererseits wurden auch persönliche Utopien der versponnenen Art weitgehend toleriert. Von außen wurde gern geargwöhnt, das positive Feedback für die Kollegiaten von Seiten der Schule sei mehr Selbstlegitimation als leistungsbezogenes Urteil. „Ah, Punker-Abi!", äußerte ein Berliner Kommilitone, als er erfuhr, wo ich mein Abitur her hatte, womit natürlich gemeint war: Selbstbestimmung gleich Rumhängen und Biertrinken, das kennen wir doch. Meiner Erfahrung nach war es genau umgekehrt: den Elan, mit dem ich dort zu lernen begann, hatte ich auf dem Gymnasium nicht im entferntesten aufgebracht. Ich kannte das Gefühl, mit allen Mitteln am Lernen gehindert zu werden. Um Gottes willen nicht das tun, was einen wirklich interessiert! Und plötzlich schien nichts weiter von mir verlangt zu werden, als mich zu entfalten, wie ich es immer gewollt hatte. Unverhoffte Möglichkeiten: es war, als hätte etwas, das ich mir im Geheimen immer versprochen hatte, endlich angefangen, in Erfüllung zu gehen.

Bielefeld war dabei durchlässig genug, dass ich endlich auch das Gefühl bekam, Spuren im Leben zu hinterlassen, es war groß genug, um darin herumzutoben und alle möglichen Lebens- und Gefühlslagen auszuprobieren, entspannt genug, um bei den zahlreichen Übertreibungen und Peinlichkeiten nicht naserümpfend fallengelassen zu werden, beschaulich genug, um sich zu besinnen und wieder in die Spur zu kommen.

STALKING RUND UM BIELEFELD

Ambros Waibel

In Bielefeld hat noch niemand versucht, mich umzubringen, in Bad Oeynhausen schon – und ich spreche hier nicht vom Kurbetrieb. Im letzten Jahr der alten Weltordnung verbrachte ich im Schatten der Porta Westfalica einen Monat auf Zivildienst-lehrgang. Man betrank sich dort zweimal am Tag, zu Wochen-beginn fasste man Kiff bei den Hamburger Kleindealern und benahm sich überhaupt durchgehend renitent. Neben den Hamburgern gab es auch wenigstens einen Bielefelder – dazu später. Ich kam aus München, hatte gerade meinen ersten Dienst-monat in einem evangelikal-fundamentalistischen Altenheim im Hessischen verdämmert und war nun zur weiteren paramili-tärischen Ausbildung ins Innere Germaniens deportiert worden.

Entgegen aller auch im eigentlichen Ausland verhafteten Vorurteile, ist für den Altbayern, der über Donau und Gredinger Berg sein Sprachgebiet verlässt, das Reiseziel klar: Man ist nun bei den Deutschen, die auch Preußen heißen, ob sie sich nun selbst Franken, Hessen oder dann schon typisch preußisch verschwur-belt Ostwestfalen nennen. Die Wälder sind dort dunkler und grundversumpft, die Menschen schon in früher Kindheit auf den Mund gefallen, ihr Bier – es schmeckt nach mit Bitterstoffen versetztem Ökovollkornbrot. Wenn man da als Bayer hinkommt, wird man ständig aufgefordert, es in Massen zu trinken. In den Maßkrügen aber, die ich seit meinem sechzehnten Lebensjahr gestemmt hatte – und die in germanischer Sprache in Maaskrüge sich verwandeln – in den Maßkrügen war eine süße, goldgelbe, schwach alkoholische Flüssigkeit gewesen, deren Wirkung etwa der von Marihuana gleichkam (der zur Drogeneinnahme aufgesuchte Biergarten ist deswegen im Guten wie im Bösen ein Ort des Nicht-Denkens, und Kiffer ändern ungern ihre Gewohnheiten; das zu den beklagenswerten Ergebnissen bayerischer Landtagswahlen). Im nahen und mittleren Norden war Bier kein Joint, sondern ein Stein, den sich die Einheimischen so lange gegen den Schädel schmissen, bis die Schweigensdecke endlich gebrochen war:

„Schweigen ist Gold, Reden ist Silber." – Welcher Gottlose gab solche Blasphemie von sich?/ Mit dem Unwissen – Schweigen ist Gold – begnügst du dich. / Du bist krank. Taubgliedriges Schweigen ist schwere Erkrankung, / Das herzliche, einfühlsame Wort hingegen Gesundheit. / Schatten und Nacht ist das Schweigen; Tag das Wort. / Das Wort heißt Wahrheit, Leben, Unsterblichkeit. / Lasst uns reden, lasst uns reden. Uns ziemt kein Schweigen, / Da wir fürs Wort geschaffen." Konstaninos Kavafis

Mir war bald gar nicht mehr nach Reden. Statt dessen las ich im Zimmer des Arbeitsdienstlagers in Bad Oeynhausen Arno Schmidt. So lernte ich meinen Bielefelder kennen. Er sah aus wie ein netter Nager, der Typus des früh durchblickenden Gelehrten, der sich in seinem Jugendzimmer mittels Comic-, Buch-, Plattensammlungen und Bauchringen vor der Hysterie der Außenwelt schützt. Auch aus anderen Kategorien hatte ich immer Freunde, aber aus dieser Kategorie jedenfalls immer einen. „Wer liest denn hier Schmidt?", fragte er mit nüchternem Misstrauen ins Besoffene hinein. Ich meldete mich und wurde gemustert. Dem folgten Gespräche, an die ich mich nicht mehr erinnern kann, die jedenfalls aber diesen Namen verdienten. Mein Bielefelder lud mich dann auf einen Abend nach Bielefeld ein. Er hatte ein Auto – dieser Typus hat merkwürdigerweise oft ein Auto – und wir fuhren hin. Es wurde ein netter Abend, der in einem Kommunikationszentrum endete, wo getrunken und getanzt wurde. Das Publikum war wohl irgendwie links, eben das linke Zentrum einer völlig bedeutungslosen Stadt, von der mir nichts in Erinnerung geblieben ist außer aufklärenden Erläuterungen meines Bielefelders über die Macht Doc Oetkers. Im Jugendzimmer schlief ich auf der Couch, und am nächsten Tag waren wir pünktlich zu Unterrichtsbeginn wieder in Oeynhausen.

Dann ging die Scheiße los. Mein hessischer Mitzivi war in mich verliebt, aber es handelte sich nicht um eine nett-studentische schwule Schwärmerei, sondern um eine recht heftig-asoziale Sei-mein-Freund-oder-ich-kill-dich-Geschichte. Der erste Germane, den ich kennen lernte, war gleich ein Stalker; und wenn mich seitdem jemand gefragt hätte, welchen Tod ich mir nicht wünsche, dann den, um 2 Uhr morgens auf dem Weg durchs komplett in Grünanlagen versunkene Bad Oeynhausen zurück zum abgefuckten Ziviwohnheim von einem an sich gar nicht unguten, aber eben halbwahnsinnigen, todtraurigen jungen Mann mit einer Zaunlatte erschlagen zu werden, weil ich mit einem Bielefelder in Bielefeld gewesen war. Mich zu wehren hatte ich daheim nicht so richtig gelernt, nicht so richtig gebraucht. Ich hatte meine Brüder gehabt und dann Armin, der mich einfach nur anschaute und sagte, wenn du Probleme hast, komm zu mir, und wenn ich Probleme gehabt hatte, lieh ich mir diesen Armin-Blick aus, und die Probleme zogen ab, spätestens dann, wenn ihnen klar wurde, dass dieser mein Armin-Blick nur eine müde Kopie des wirklichen Armin-Blicks war. Aber in der Oeynhauser Finsternis kam dieser Blick nicht richtig an, es ist ja auch schwierig jemandem drohend zu vermitteln: Lieb mich nicht oder: Nein, ich will nicht dein Rettungsanker sein.

Doch es geht: Als ich mich wehren musste, konnte ich es, das war eine gute Erfahrung. Am nächsten Tag war der Lehrgang vorbei, wir demontierten noch rasch alle sanitären Anlagen und verstreuten uns. Den Bielefelder traf ich dann ein Jahrzehnt später in Berlin wieder. Was ich aber eigentlich von Bielefeld erzählen wollte, ist dies: Eine liebe und schöne und hochbegabte Freundin hatte über ihr Schicksal, in Bielefeld leben zu müssen, ein Jahr lang gejammert und ihre Rücksiedlung nach Berlin immer mal wieder für die nächste Woche angekündigt. Dann aber erreichte mich über Umwege die Nachricht, sie bliebe nun doch dort, sie habe nämlich – in Bielefeld – eine so tolle Wohnung gefunden. Eine Wohnung scheint mir irgendwie kein Grund zu sein, irgendwo – zum Beispiel in Bielefeld – zu bleiben, doch wir werden ja alle älter. Und vielleicht ist ja auch Bielefeld ein Stalker. Dass in Bad Oeynhausen jemand versucht hat, mich umzubringen, ist wahrscheinlich auch nur juveniles Pathos. Manchmal aber glaube ich, dass dieser Schock das letzte sein wird, was meine dann alten Knochen zum Zittern bringt. Hoffentlich steht dann ein netter junger Zivi neben mir und schiebt mir als letzten Gruß aus dieser Welt einen süßen Löffel von Doc Oetker rein.

LOS IHR ÄRSCHE, AB INS SOUNDS

Michael Girke

Ist Bielefeld heilbar? Ist in eine andere größere Stadt zu gehen die einzige Chance oder kann eine Lieblingskneipe helfen? Was ist überhaupt eine Lieblingskneipe? Die Musik ist laut, die Luft schlecht und meistens passiert rein gar nichts. Und trotzdem, da hängt etwas für jeden greifbar in der Luft, dass mit Lebensgefühl oder Pop nur unzureichend beschrieben ist. In Bielefeld hieß die Lieblingskneipe der 90er Sounds. An deren Geschichte und an ihr Ende soll mit diesen beiden Artikeln aus dem StadtBlatt erinnert werden.

LOS IHR ÄRSCHE, AB INS SOUNDS
DIE 90ER, NÄCHTE, POP. WIE EINE BIELEFELDER KNEIPE SICH UND IHRE ZEIT FEIERT.

Für Jakob

Vom Leben in der Bar. Von all den Geschichten, jenen, die einfach nie passieren und jenen, die passieren müssen, weil man andernfalls nicht gelebt hätte. Vom Licht und davon, wie es sich anfühlt im Schatten zu stehen. Von der Sehnsucht, vom Sich-Verzehren, von der Rivalität um die attraktivsten Frauen und Männer. Von Miststücken und Mistkerlen. Von der Last der Geschichte und vom Eigengewicht eines jeden Ereignisses.

Alle Kneipenstimmungen haben dieselben Gegner: Langeweile, Melancholie, Unzufriedenheit, die Folgen trostloser Politik. Und alle Kneipen haben denselben Auftrag: Ihre Besucher zu beleben und anzuspornen. Warum also führen Lieblingskneipen dieses intime Liebling im Rufnamen?

Sollen wir hier in den Gestus einer Shell-Studie verfallen und die Beziehungen zwischen Kneipen und ihren Besuchern als geeigneten Gegenstand steriler Soziologie betrachten? Sollen wir uns *Spiegel*-mäßig abgeklärt geben und klarstellen, wie emotional, und daher oberflächlich, jeder Versuch ist, die Kunstprodukte des Materialismus mit Leben zu erfüllen, so dass am Ende auch die Kneipe deines Vertrauens dasteht, wie ein Fetisch, wie Tand, der keiner ernsthaften Überprüfung standhält? Wollen wir nicht. Die Gründe für die Existenz von Lieblingskneipen sind schließlich wir selbst. Und da man zu den wichtigsten Geschichten gehört, die man kennt, und die Lieblingskneipe, in ihren besten Momenten, einen Versuch darstellt, die heute wieder von Mangelwirtschaft, Klassenschranken, Alles-dem-Sieger-Phantasien und Zukunftsangst bestimmten, oft schmerzlichen, selten extatischen Lebensumstände zu erleichtern, wenn nicht gar ihnen zu entkommen, liegt es nahe, über diesen Zusammenhang im Ton der wichtigsten Geschichten zu sprechen, die es überhaupt gibt:

Es begab sich aber zu der Zeit, da schätzungsweise alles zu Ende ging, ein Jahrzehnt (die 90er), ein Jahrhundert, ein Jahrtausend. Und Pop, dem viele nachsagten, sein unwiderstehlicher, optimistischer Elan habe entscheidend dazu beigetragen, die Post-1945er-Nachkriegswelt zu einem, vergleichsweise, liberalen Stadium der Geschichte zu machen, dem ging es ganz und gar nicht gut. Die Zeit war geprägt von zunehmenden Monopolen der Mediengiganten, von Musiksendern und Stars, die zu reinen Dienern der Verwertungsinteressen der Monopolisten verkommen waren. Irgendwie hatten die Companys es geschafft die Uhr zurückzudrehen, so dass es zuging wie in der Zeit, bevor Elvis, die Beatles, Bob Dylan, die Sex Pistols demonstrierten, wie wichtig und befreiend es ist, eine eigene Stimme zu entwickeln und diese laut vernehmbar zu erheben. Kurz, vieles an der neuen erinnerte an eine alte Zeit, an die reaktionären und verlogenen 50er Jahre.

Und siehe, da ging von der Bielefelder Popkneipe Sounds ein Begehren aus, zurückzublicken und der alten Tage zu gedenken. Und so wird von Weihnachten bis Neujahr an jedem Abend Musikgeschichte erklingen. Sie werden alle dasein, die revolutionären Jahre von Soul und Rhythm and Blues (mit DJ Ernst Sprenger); das aufmüpfige Punk- und New Wave-Zwischenspiel (mit Eckart Schumacher und Chris Huelsewede); die umwälzenden Jahrzehnte des HipHop (mit Selim Hill und Jeremy Gurl); die heiligen Traditionen des Jazz (mit Hans, Pörk und Mirjana); die allerverrücktesten Popphasen (mit jemandem, der ich selbst bin). Und Bernd Begemann, Jochen Distelmeyer, Michael Girke, Eckart Schumacher, Frank Spilker werden ihr persönliches Weihnachten unterbrechen, um am 25.12. eine echt verstiegene, aber irgendwie gerade noch smarte Zusammenfassung von all dem zu erstellen.

Ein Gespenst geht um in Europa, das Gespenst des endgültigen Sieges des Neoliberalismus über alle anderen Möglichkeiten der Geschichte. Sieg der hysterischeren Geldvermehrungs- und Korruptionskreisläufe, an denen wir alle mitarbeiten. Müssen. „Weite Teile der Kultur sind zur Prostitution gezwungen", sagt Ulf Poschard in seinem 90er Rückblick in der Süddeutschen Zeitung. Girke, Du Nutte, klagen diese Worte an. Poschards Feuilleton mag wesentliches an gegenwärtigen Verhältnissen fassen, ist das aber alles, was zu sehen ist heute? Und besteht nicht, auf der anderen Seite, ein tiefes Bedürfnis zu glauben, dass der Teil der Kultur, der einem wichtig ist, angefangen hat in einem freieren, reineren Kontext; ungetrübter von Habgier, Ehrgeiz, Geschmacklosigkeit, Verblödung, irgendwie außerhalb und in Opposition zum deutschen, kapitalistischen Alltag, wie die meisten von uns ihn kennen und leben?

Schon der Blick auf das Programm der Sounds-Woche kann zeigen, aus wie viel guter Zeit so eine schlechte Zeit immer besteht, wie viel Musik, beispielsweise aus dem Jahre 1979, großartiger ist, als der Ruf, den dieses Jahr seinerzeit genoss. 1979, als die Pop Group stellvertretend für alle im Showbusiness klagte: „We are all Prostitutes". Ist die ernsthafte und verantwortungsvolle Großartigkeit der Pop Group, und anderer an die äußersten Ränder gedrängter, schon zu Lebzeiten ziemlich vergessener Künstler, Bestätigung der herrschenden Kultur oder ihre radikale Infragestellung?

„Wessen Wesen es ist, nicht auf den Punkt zu kommen, den soll man nicht auf den Punkt bringen wollen", sagt Rainald Goetz. Wahrscheinlich ist das der treffendste Satz über Rückblicke; um dessen Konsequenzen sowohl öffentliche als auch private Rückblicke sich gern herum mogeln. Denn nimmt man den Goetz-Satz ernst, macht er bewusste Erinnerung zu dieser ungeheuer aufwendigen, beinahe unmöglichen Arbeit: so reden, dass möglichst viele Momente/Punkte der Wirklichkeit enthalten sind in den Worten. Es gibt eben nicht ein 1999, sondern viele (manche werden 2019 ziemlich großartig aussehen. Müssen.). Gleicht Erinnerung nicht dem Träumen, das all die Schichten der Realität miteinander verbindet, welche von Ratio, Logik, institutionellem Denken getrennt werden; dem Träumen, dem das beherrschte, wachsame Bewusstsein so schwer zu folgen vermag? Träumen, oder Traumlogik in die Worte aufnehmen, heißt womöglich, ganz entgegen der gängigen Auffassung, Realität angemessen, also einschließlich all ihrer imaginären, unsichtbaren Dimensionen, zu artikulieren. Jedenfalls: Öffentliche und private Rückblicke dienen meist nur dazu, gegenwärtige Zwecke zu legitimieren und zu illustrieren; sie sind nichts anderes als ein vollständiger Verrat an der Erinnerung.

Musik fängt Realität offenbar sehr viel besser ein als Sprache. Gottfried Benn sagt: „Ein Schlager von Klasse ist mehr 1950, als

500 Seiten Kulturkrise." Super an dieser Kneipe namens Sounds ist, dass sie sich großspurig in die Tradition solcher Popsätze und Einsichten stellt, der Musik Arbeit an der Erinnerung überlässt und so den Erinnerungen Möglichkeiten gibt, sich im Takt ihrer eigenen Rhythmen zu entwickeln. Ingeborg Bachmann sagt: „Und das Burgtheater, das Rathaus und das Parlament sind von einer Musik überschwemmt, die aus dem Radio kommt, das soll nie aufhören, noch lange dauern, einen Film lang, der noch nie gelaufen ist, aber in dem ich jetzt Wunder über Wunder sehe."

Ingeborg Bachmann sagt: „Jetzt!" Sie sagt: „Ich bin. Was bist Du? Ich bin? Was? Ich bin glücklich." Aber sie fragt auch ziemlich besorgt: „Warum gibt es nur eine Klagemauer, warum hat noch nie jemand eine Freudenmauer gebaut?" Hey, Ingeborg, die Freudenmauer, es gibt sie, Du hast sie eben selbst beschrieben. Es ist die Musik, die jetzt, dauernd läuft. Mit ihr hat Lou Reed einige der besten Kneipendenkmäler gebaut, Songs, die heißen „Candy says", „Catherine Says", etc. Nicht wahr, wer etwas sagt, jetzt!, musiküberschwemmt, der ist Wunder, lebendige Erinnerung, bester, nein, einziger Grund die Wohnung zu verlassen ... Candy says, Bernd, Christoph, Jochen, Eckart, Michael, Heide, Karen, Frank, Thorsten, Manfred, Bernadette, Marcus, Matthias, Matthias, Short, Jessica, Wolfgang, Katrin, Jan, Martin, Misha, Katja, Mijk, Oliver, Tom, Pia, Claudia, Katrin, Rebecca, Julia, Knarf, Achim, Thomas, Thom Thom, Jens, Klaus, Holger, Mark, Conny, Barbara, Hans, Christine, Bernd, Elke, Andreas, Brecht, Tinky Winky, Dipsy, Laa Laa und Po sagen.

Und was hat uns, in Bielefeld im Sounds, noch mal zusammengebracht? Klar, das zweite Diedrichsen'sche Gesetz des Eckkneipismus: „Geblieben ist uns eine grundsätzlich andere Art über den Alltag zu reden und ihn zu empfinden. Nie würden wir wie unsere Eltern, Emotionen und Emphase in Dinge wie Besuche von Ämtern, Rechnungen, Verkehrsstaus, schon wieder teurere Butter und all den Scheiß investieren. Nie, daran soll man uns erkennen." Und jetzt, los ihr Ärsche, ab ins Sounds.

AKTION MENSCH
Lieblingskneipenblues: das legendäre Sounds macht zu!

The day the music died: Bielefelds berühmteste Eckkneipe macht zu. Wahrscheinlich im Januar. Trauergemeinde und Partytross sollen Synonyme werden. Während ich dies schreibe, finden schon regelmäßig Abschiedstrinkgelage statt. Die Feiertage werden ein letztes Mal, angestiftet von den superalten Supersäcken Begemann, Distelmeyer, Girke, Schumacher, Spilker, zum Sounds-Weihnachtswumm.

The drugs don't work: Verdammt, nicht einmal habe ich im Sounds getan, was sich für Popfans angeblich gehört, nämlich Drogen konsumiert, die diesen Namen auch verdienen. Und so erledigt sich dieses potentiell anekdotenreiche Kapitel auf denkbar trübtassigste, leserunfreundlichste Weise. Bleibt viel Zeit, um zu meditieren über ein von Rainer Calmund im Zuge der Daum-Affaire kolportiertes, deutsche Geisteszustände perfekt auf den Punkt bringendes Sprichwort: „Ich kenne viele Alkoholiker, aber ich kenne keine Drogensüchtigen."

Das letzte Loch: Wie erklärt man, was Bielefeld verliert, wenn es eine Kneipe weniger gibt? Um Erklärungen auf Stichhaltigkeit hin zu prüfen, braucht man den Grinch. Das ist ein Profi-Nörgler. Ein Monster des Rechthabens, dessen Wirklichkeitsauffassung nicht wie bei uns Durchschnittsmenschen von Selbstbetrug, Verklärung und Zwangsoptimismus geprägt ist, sondern von genauem Hinsehen. Wenn der Grinch Bielefeld seziert, bleibt einem nur die Wahl zwischen Lachen oder Heulen. Und mein persönlicher Grinch, der verdiente StadtBlatt-Literaturkritiker

Christoph Höhtker, beschreibt das Sounds als Hölle aus zwei Jahre zu spät kopiertem Hamburger Schmuddelkneipeninterieur, in Langweilerlebensläufen verloren gegangenen Besuchern und einer Luft, die für Menschen nicht zu atmen ist.

Tja, wie vermittelt man dem Grinch den Geist der Weihnacht? Lieblingskneipen leben eben nicht nur von sichtbarer brutaler Echtrealität, sondern wesentlich von den Flausen in den Köpfen ihrer Besucher. Die sind das Material, das über Unternehmensphilosophie und Nützlichkeitsdenken hinausgehende Kneipen- oder Popmomente wesentlich speist. Wie kann man sie erzählen, die Geschichte dieser Flausen, Empfindungen, Fata Morganas, und wie die – genau nochmal – Wirklichkeit gestalten und prägen und Initiativen ergreifen lassen? Eine Aufgabe, deren Lösung einen echt schlauen, Zeiten, Welten, Lebenswege umspannenden Roman verspricht, dessen Umfang aber das Format dieser Publikation sprengen würde.

Hey nineteen: „Hey nineteen, thats Aretha Franklin...she don't remember the queen of soul." Die in diesen Steely Dan-Zeilen besungene Neunzehnjährige ist der junge Mensch, der nicht dabei war, keinen Schimmer hat von Geschichte, von dem, was man wirklich kennen sollte: Aretha Franklin. Zugleich wird in dem Lied nicht nur die Sexyness der jungen Frau begehrt, sondern vor allem ihr jugendlicher Überschwang, den Aretha Franklin und die für die sie gesungen hat, längst verloren haben. Der Steely Dan-Song ist von dem Punkt aus gesungen, an dem auch Pop nicht verhindern konnte, dass man alt, berufstätig und schmierig wurde.

Andreas Oehme, einer der Sounds Macher, erzählt, als was diese Kneipe einmal gedacht war. Als Kapitel in einer Geschichte von Aktivisten, die Orte schaffen für all that jazz, der hilft, Bielefeld an etwas Anderes anzuschließen als an sich selbst. Eine Geschichte, die, oh Mann, Hippiemusik, Punk, Dancehall-Reggae,

HipHop, Techno irgendwie miteinander verbindet. In der das Gedankenfeuer eine mächtige Rolle spielt, das die Lektüre bestimmter Organe (Konkret, Sounds, Spex) ausgelöst hat, sowie Club gewordene Flausen der 70er und 80er (das Forum Enger, die Badewanne, das ZK), die man fortsetzen wollte. Eine Geschichte voller Anekdoten, Brüche, Frontenbildungen, Legenden, Mythen, Nachrufe, Pleiten: „Allein hier zweigt eine Unzahl wirklich unbeschreiblich böser Klein- und Kleinstgeschichten ab, und ganze Menschenschicksale und Dramen ohne Ende" (Rainald Goetz).

Kriegsheimkehrerschicksal: Wie soll man jungen Leuten von ehemaligen oder weiter machenden Flausen erzählen, ohne dass diese zu Spinnkram verkommen oder zu wichtigtuerischen Verkündungen aus einer per se edleren Zeit? Steely Dan: „She thinks I'm crazy, but I'm just growing old."

Crazy sind Ältere, wenn sie Differenzen zwischen sich und Jüngeren stets zu ihren Gunsten auslegen, egal wie, Hauptsache dem Gegenüber lassen sich Fehler vorwerfen. Jugend steht dann immer als angepasst, oberflächlich, undankbar, verantwortungslos da. Manchmal stimmen die Vorwürfe sogar. Aber sie stimmen auch umgekehrt. Gerade Ältere weisen bedrückende Mängel an Gedächtnis, Geschichtsbewusstsein und (Pop-)Erfahrung auf – und versuchen aus ihrer Stammkneipe ein prächtiges Zuhause für die eigenen Rückzüge zu machen. Und genau für diese Situation ersannen Oehme and friends ein Über-Ich in Form eines Bielefelder Clubs, dem Sounds: Die Aktion Sorgenkind heißt jetzt Aktion Mensch. Eine schlagende Idee, die besagt, dass nicht nur Kinder, sondern alle Hilfe brauchen. Die Kneipe als Kreuzung der Lebenswege, an der Alte und Junge, Bewohner der Venus und Marsianer ihr Dummheitselend gegenseitig aufheben. Kommt natürlich so gut wie nie vor in der Scheißrealität. Trotzdem Superidee.

The end: Was geht zu Ende, was weiter? In seinem Roman über die Hamburger 60er-Jahre Lieblingskneipe Palette schreibt Hubert Fichte: „Die Palette ist zu, aber mit den Palettianern geht es immer weiter. Unter anderem Namen hat auch das Lokal in der ABC Straße wieder aufgemacht. Erst gab es sich seriös, aber dann wurde es immer pallettenähnlicher. Verkehrten auch dieselben Typen. Es gibt andere Lokale, die der Palette ähnlich sind." Wie alle berührenden Sätze aller Autoren aus allen Zeiten, lese ich auch diese als welche, die unmittelbar mit mir in Bielefeld zu tun haben. Folgt man Hubert Fichte, ist ein Popkneipenende das Gegenteil eines handelsüblichen Endes; er wird also weitergehen, weiter- und umgeschrieben, der Bielefelder Poproman, von dem das Sounds ein Kapitel ist. Große Worte, hehre Ansprüche? Aufgepasst, es kommt noch dicker. Für mich ist in Hubert Fichtes Sätzen angedeutet, die Möglichkeit, Popkneipen nicht nur in ihrem konkreten Sein aus Typen, Möbeln und Schulden zu sehen, sondern als Energieform. Wie Elvis. Sagt man nicht, wenn eine Musik ganz unwahrscheinlich großartig ist und in Hörern das Gefühl auslöst, die ihnen vorgegebenen Lebenswege verlassen, mit Anderen nach etwas Besserem Ausschau halten und womöglich gar gesellschaftliche Fakten einige kostbare Momente lang außer Kraft setzen zu können, dass der Geist von Elvis am Werk sei?

„So werden wir uns weiter vereinzeln, weil im Augenblick alles für den Solipsismus spricht; er ist ein König, dessen Macht selbst die von Elvis übertrifft. Aber eines kann ich ihnen garantieren: Nie wieder werden wir uns über etwas so einig sein, wie über Elvis." Das schrieb, 1977, zu Elvis' Tod, der Kritiker Lester Bangs. Der wiederum ist selber längst gestorben. Seine Worte aber wirken weiter, wie Elvis' Geist, regen an ... herrje, jetzt kommt's, jetzt schnappe ich womöglich über und mache mich dran, hier, in diesem Moment, eine großspurige, haltlose und doch total ernst gemeinte Behauptung zu wagen, die, wenn man es genau nimmt, gar nicht von mir, sondern ungeheuer alt ist, und die Pop als Fortsetzung zugleich sanftmütiger und alles erschütternder, immer wieder zu schwacher und unterdrückter und immer wieder mächtig hervorbrechender Traditionen ins Spiel bringt: Das, was uns in Bielefeld zusammenbrachte und ab und an auch einigte, das waren nicht sexuelle oder alkoholische Gewohnheiten, das war nicht das Sounds, nicht Pop, nicht Elvis' Geist, oder was wer auch immer sonst noch anführen könnte, um halbwegs zu kapieren, was eigentlich los ist außerhalb seiner Sphären; was da lief, im Sounds, mitten in Bielefeld, während die Meisten arbeiteten, auf ihrer Fernbedienung Klavier spielten und wie üblich nichts mitbekamen, das war Teil einer gigantischen Verschwörung gegen die Wirklichkeit zugunsten der Liebe.

NUR ZU BESUCH

Käthe Kruse

Bünde beherbergte lange Zeit die längste Zigarre der Welt, jetzt gibt es eine größere in England. Das Tabakmuseum hat aber immer noch die größte Pfeife; angeraucht wird mit dem Staubsauger. Hier bin ich geboren und zur Schule gegangen.

In Kirchlengern befindet sich der Technische Überwachungsverein, kurz TÜV und das Elektrizitätswerk Minden Ravensberg, kurz EMR genannt, sonst nichts weiter. Hier bin ich aufgewachsen, hier ist mein Elternhaus.

In Enger wurde die Straße enger, heute gibt es eine Umgehungsstraße. In der Wittekindstadt befand sich der weithin bekannte Jazzclub Forum Enger. Hier habe ich meinen ersten Joint geraucht.

In Herford war das FlaFla der angesagte Club für die Szene. In der Scala spielten schon Jimi Hendrix und The Who. Zu meiner Zeit sah ich dort Police, Ton Steine Scherben und Pauline Black.

Im Osnabrücker Hyde Park wurden die Nächte durchgetanzt. Hier habe ich zweimal Canned Heat gesehen. Morgens ging es oft nach Amsterdam zum Hasch kaufen und rumlungern.

Soweit war alles ganz normal.

Nur Bielefeld, Bielefeld war für mich etwas ganz Besonderes. Schon als Kind. Mutti, Oma, meine kleine Schwester und ich fuhren zum Shoppen immer nach Bünde oder Herford und nur ganz ganz selten mal nach Bielefeld in die großen Kaufhäuser der Bahnhofstraße. Mein größter Traum war ein Kleid von der Stange, weil ich als Schneiderstochter nur Maßgeschneidertes bekam. Heute träume ich genau andersherum.

Als Freunde meiner Eltern ins Nachbarhaus zogen, war das schon etwas: sie war aus Bielefeld! Eine echte Großstädterin. Einmal durfte ich mit in ihr Elternhaus in der Großen Kurfürstenstraße, was für ein Straßenname! Wir aßen an einer langen Tafel und ich erinnere mich an das Salamibrot. Ich durfte zwei Scheiben auf ein Brot legen, die Wurst lappte über; das gab es in Kirchlengern nicht!

Jahre später war ich oft in der großen Stadt. Die Badewanne war die erste Diskothek meines Lebens. Die Tanzfläche befand sich in der Mitte, war erhöht und von einem Geländer umgeben. Bis ich mich zum ersten Mal traute, die Treppe hinaufzugehen, hatte ich schon oft die Tanzenden im Lichtermeer und Stroboskopgeflacker bewundert. Gegen morgen rannte ich mit anderen die Straße von Auto zu Auto entlang, um einen Lift nach Bünde zu kriegen. Heute ist das ganze Viertel hinter dem Bahnhof abgerissen. DJ Hannes legt allerdings immer noch auf.

Tagsüber trampte ich in jener Zeit oft mit meiner Freundin Gaby nach Bielefeld zum Bücher klauen. Wir gingen direkt zur Buchhandlung Phönix am Jahnplatz und nahmen je sechs bis acht Bände aus der Bibliothek Suhrkamp, niemals Bücher von einem anderen Verlag. Meine Hermann Hesse-Sammlung war vollständig. Gerade habe ich „Mysterium buffo und andere Stücke" von Wladimir Majakowski im Regal gefunden. Anschließend gingen wir zum Ping Pong Pavillon in der Altstadt. Dort kaufte ich Jesuslatschen, Räucherstäbchen, Jasmintee und Patchoulyöl. Der Laden war eine Institution, hat alle Stile und Moden überlebt und wurde erst vor einem Jahr geschlossen. Die Inhaberin ist nach 30 Jahren in Rente gegangen, den Duft des Ladens aber behalte ich für immer in der Nase.

Die Johannislust auf dem Johannisberg war wirklich eine Lust. Ältere Leute, so um die 25, lebten dort und veranstalteten Konzerte in ihrem Haus und im Amphitheater. Es war außerordentlich schick, bekifft in den dunklen Räumen auf den Sofas abzuhängen und Musik zu hören. Norbert fand ich besonders toll. Er wohnte in einer der Baumhütten. Sein braunes Haar wellte sich bis zum Po. Beeindruckend! Ich bin mit ihm nach Wien getrampt. Zur AA Kommune. Im Gepäck hatten wir Schlafsäcke, Plastiksäcke, zwei Stangen „Schwarzer Krauser" und 30 DM. Das Trampen ging wohl ganz gut, an eine Übernachtung im Wald erinnere ich mich dunkel, weil es regnete. Am Grenzübergang wurden wir aus dem Auto geholt und mussten unsere Taschen auspacken. Zu wenig Geld dabei, jeder sollte mindesten 50 DM haben. Mühseliges Trampen an der Grenze entlang nach Salzburg, das war besser, größerer Grenzübergang, da ist man unauffälliger. Norbert wusste Bescheid. Und dieselbe Prozedur erwartete uns. Jeder sollte mindestens 100 DM dabei haben. Dass wir kein Geld brauchen würden, weil wir für zwei Stangen Tabak kostenlos in der AA-Kommune leben konnten, wollte der Beamte einfach nicht glauben. Beim nächsten Übergang wurde es noch teurer und dann überlegten wir uns etwas anderes. Wir lagen ein paar Stunden schweigend in einem Gebüsch an der rauschenden Salzach und maßen die Abstände, in denen der Grenzbeamte sein Fahrrad vorbeischob. Irgendwann war es so weit: Kleider ausziehen, alles in die Plastiksäcke verstauen, zuknoten und hinein in den Fluss. Es war kalt, kalt, kalt und reißend und dunkel und der Sack wog schwer in der rechten Hand, die Strömung trieb mich, an Schwimmen war nicht zu denken. Ich konnte nichts tun und ich hatte echt Angst und dachte, wenn ich den Sack loslassen würde, könnte ich es schaffen. „Aber was soll ich nackt und ohne Ausweis in Österreich, dann lieber sterben." Mein Gott, irgendwann, hunderte von Metern weiter, hatte ich plötzlich Steine unter den Füßen und wankte an Land. Total erschöpft, aber mit Pass und Kleidern und Tabak. Norbert landete auch. Die AA-Kommune hatte einen interessanten Erfahrungswert. Nach einer Woche bin ich wieder nach Hause getrampt. Alleine. Norbert ist in Wien geblieben, vielleicht für immer? Ich habe ihn nie wiedergesehen. Die Johannislust wurde abgerissen. Heute steht dort ein Hotel und eine Wohnanlage. Viele Jahre konnte man noch die Reste des Amphitheaters sehen, die Baumhütten waren noch da und die Schaukel hing in den Bäumen.

Es gibt noch ein paar Orte, an die ich immer wieder ging, das Café Oktober an der Detmolder Straße, da arbeitete der tolle Bruder von meiner Freundin Gaby, er hat mich aber nie geschaut. Meine Freundin Angela hatte da mal eine Schnecke im Salat. Vielleicht kam das öfters vor. Das Café gibt es nämlich nicht mehr. Erst Krautrock, dann Punkrock gab es im AJZ, dem Arbeiter-jugendzentrum an der Heeperstraße. Dort war auch der erste Naturkostladen in Ostwestfalen, das Löwenzahn. Die Geschäfts-gründer haben jetzt einen Bio-Vertrieb. Dass der Bunker Ulmenwall sich vor allem in der internationalen Jazzszene großer Beliebtheit erfreut, kann man den Hochglanzbroschüren der Stadt entnehmen. Ich habe dort ein paar wirklich gute Schlagzeuger spielen gesehen. An der Uni Bielefeld war ich einmal auf einer Party und im Oberstufenkolleg habe ich hospitiert. Ich wollte Abitur machen. Oberstufenkolleg oder Berlin war eine entschei-dende Frage. Ich bin nach Berlin gezogen.

Jedes Jahr zu Ostern oder Weihnachten fahre ich nach Bielefeld, erst nach Kirchlengern zur Familie, dann nach Bielefeld zu meinen Freunden. Deren Kinder sind die Freunde meiner Kinder. Das finde ich gut. Wir besuchen dann die Laborschule an der Uni, die hat bei Pisa richtig gut abgeschnitten. Da gehen die Freunde meiner Kinder hin, beziehungsweise die Kinder meiner Freunde. Wir spazieren die Sparrenburgpromenade entlang und genießen den Blick über die Stadt. Wir machen es uns im Grabeland Wickenkamp hinter der „Alm" gemütlich. Das bedarf jetzt einer Übersetzung: Grabeland kommt von graben, umgraben und bedeutet Schrebergarten; die „Alm" ist das Stadion der abgestiegenen Arminia Bielefeld.

Wir wohnen bei Angela, Micha und Emilio im Westen in der Ernst-Rein-Straße. Die Reihenhaussiedlung von Wüstenrot ist ein klassisches Beispiel für 50er-Jahre-Architektur. Imposant ist das einheitlich durchgehende dunkelbraune Holzlattenbalkongeländer. Nach und nach verkauft die Stadt die Häuser und es beginnt ein sich ausbreitender individueller Stil. Halbe Häuschen und Glasterrassenvorbauten entstehen und plötzlich gibt es Probleme mit der Belüftung, erste Wände werden feucht.

Ostern spielen wir Minigolf im Nordpark und kaufen auf dem Markt am Siegfriedplatz ein. Weihnachten speist die alte Herforder Szene an langer Tafel Rindfleischsuppe mit Markklößen bei Acki und Margarete, die mit Emma und Carla in der Hermannstraße wohnen, nah beim Markt am Kesselbrink, da gibt es sehr gute Vollkornbrötchen, die besten quasi.

Dieses Jahr zu Ostern war alles anders. Vorab kam ein Hilferuf von meinem Vater. Der Schornsteinfeger nimmt den Heizungskessel nicht mehr ab. Ein neuer kostet 8.000 Euro. Das wissen wir schon seit Jahren, das Geld vom Mieter geht auch schon seit Jahren dafür auf ein Extrakonto. Das ist leer. So leer wie meine bei Mutti hinterlegten Sparbücher. Reservegeld, dachte ich. 11 DM Restgeld habe ich abgehoben. Zusätzlich wurden 1.500 DM von meiner Sterbekasse eingelöst. Mein Vater weiß von nichts. Über seine Finanzen gibt mir die Bank keine Auskunft und meinem Vater keinen Kredit mehr. Kriegt er denn nicht genug Rente? „Ihr Vater könnte eine vierköpfige Familie lässig ernähren", ist die Antwort. Ja eben, er war doch lange Betriebsleiter einer Schneiderei, nachdem er in Bielefeld bei Seidensticker seine Ausbildung gemacht hatte. Und dann kriegt er noch die Witwenrente meiner Mutter. Die Putzfrau, die sagenhafte Putzfrau, die kommt jeden Freitag, sagt Papa. Sie sieht total toll aus und ist so alt wie ich. Ihr Sohn spielt im Casino in Bad Oeynhausen. Das ist reine Spekulation. In Trockenphasen bringt sie Schnaps vorbei. Das ist Fakt.

Meine Schwester und ich haben jedenfalls den ersten Kredit unseres Lebens aufgenommen, der Aufenthalt in Kirchlengern verlängerte sich erheblich und als ich endlich mit den Koffern für Bielefeld an meinem Auto stand, klingelte das Telefon: mein Vater liegt in einer Blutlache im Garten, der Rasenmäher läuft noch. Eine leichenblasse Nachbarin kam mir entgegen, ich dachte schon Papa sei tot, aber ihr war nur schlecht geworden, wegen dem vielen Blut. Es sah schlimm aus, er auch. Das blutige Toupet lag auf dem Rasen, sein Kopf und Oberkörper lagen in dicken Blutstücken, Blut im Gras und Blut auf den Steinen und eine hervorstehende Kante, da war er draufgeknallt, nüchtern. Er war nüchtern und klar, wusste aber nicht, wie das passiert war. Irgendwann hält auch der stärkste Organismus nichts mehr aus und zum ersten Mal in seinem Leben musste er ins Krankenhaus. Und ich musste seine Tasche packen.

Der Zustand meines Elternhauses ist schlimm. Alles ist verklebt, Spinnweben zwischen den Gewürzen, die Toilette schlimmer als das Herrenklo im Kumpelnest 3000, die Badewanne vergilbt, die Tapeten rollen sich von der Wand ab, die Gläser im Schrank ersparen einem das Trinken und so weiter. Beim Zusammensuchen seiner Wäsche war mir sehr merkwürdig zumute. So privat, das war mir unangenehm. Das Bett war ungemacht und voller Wichsflecke. Man vermutet keine Sexualität bei den Eltern und beim alkoholkranken Vater schon gar nicht. Andererseits Alkoholiker können immer, habe ich mal gehört. Erstaunlicherweise herrscht Ordnung in seinen Schränken: saubere Wäsche, gebügelte Hemden und ein Doppelschrank voller Maßanzüge. Mein Vater war ein gutaussehender, geschmackvoll gekleideter und gepflegter Mann. Jetzt sieht er aus wie ein Waldschrat. Lange graue verklebte Haare und Koteletten, alte Hose, altes kariertes Hemd, löchrige Strickjacke, dreckige Puschen, gelber Schmalz auf den Zähnen, gelbe ungeschnittene Finger- und Fußnägel. Ungepflegt und stinkend. Und er ist alt geworden. Dieser drahtige, durchtrainierte, muskulöse Mann, der mich so oft kraftvoll verprügelt hat, verfällt. Und es tut mir weh. Das hätte ich nie gedacht.

Mein Vater musste drei Tage zur Beobachtung im Krankenhaus bleiben. Loch im Kopf und Gehirnerschütterung, alles halb so schlimm. Die Ärztin wollte mich behutsam auf ein „kleines Problem" hinweisen, aber ich kenne das Problem und es ist groß. Meine Schwester traute sich schließlich, ihm zu sagen, dass die Putzfrau gar nicht putzt. „Das konnte sie ja auch nicht, ich war doch wochenlang weg, in Kur."

Ich war noch kurz in Bielefeld und das hat mir gut getan. Jetzt bin ich seit zwei Monaten wieder zu Hause und das Gewissen wiegt täglich schwerer: Ich sollte Papa mal wieder anrufen!

DAS BIELEFELDER AFFENHAUS

Paul Kaltefleiter

Unmittelbar nach Erblicken des Lichts dieser Welt erwies ich mich als zu Streichen aufgelegt. Meistens musste meine Mutter es erdulden, sie war daher umso dankbarer für meine Hobbys, die mich über Stunden in eine intensive und selbstversunkene Beschäftigung versetzten, in denen sie endlich mal in Ruhe ihrer Arbeit oder einem klitzekleinen Nickerchen nachgehen konnte.

Der Familienlegende nach wurde ich schon im noch nicht krabbelfähigen Alter oft mit dem dicksten aller Bilderbücher, dem Quelle-Katalog, in eine Ecke der Küche gesetzt. Dort blätterte ich dann bedächtig Seite für Seite um, guckte mir alles genau an und hielt wie betäubt die Klappe. Diesem Wälzer entsprangen mir bis heute unvergesslich gebliebene Rätsel wie Omaköpfe mit violett gefärbten Löckchen oder spätere Fernsehmoderatoren in reizarmer Feinrippunterwäsche, die ich nach dem Abstreifen der Windel natürlich auch trug.

Die introvertierte Blätterei wurde bald durch einen richtigen Knochenjob verdrängt. Wie meine Eltern und Geschwister im wahren Leben habe ich mich in der Stube auf meinem Spielzeugbauernhof abgerackert. Ich säte und erntete auf den Äckern, deren Grenzen ich mir im Muster des großen Teppichs zusammenfantasierte, und achtete pedantisch darauf, dass meine Minitraktoren genauso langsam vorankamen wie ihre großen Vorbilder. Da war harte und geduldige Arbeit angesagt, die ich mir eines Tages auch noch verdoppelte, indem ich den Teppich in der guten Stube ebenfalls zu meinen Ländereien erklärte. Als ich dann in die Schule kam, habe ich das alles nicht mehr gepackt und meine Karriere als Stubenbauer beendet.

Irgendwann vor der Einschulung, Gott sei Dank, habe ich zu meinem großen Erstaunen mitbekommen, dass außerhalb des Bauernhofs noch andere Tiere existieren. Ich wandte mich sofort allen gleichzeitig zu, schnitt sämtliche sich irgendwo als Papier blicken lassenden tierischen Lebensformen aus und klebte sie in alphabetischer Reihenfolge in ein Heft. Ich machte mir oft Gedanken darüber, ob sich Tiere wie Adler und Affe so unmittelbar nebeneinander überhaupt vertragen konnten, aber irgendeine sinnvolle Bewandnis musste es mit dem Abc ja auf sich haben. Gerne würde ich noch mal einen Blick in dieses Tierlexikon werfen, aber ist es nicht mehr zu finden. Mein Verdacht ist, dass ich es leider in pubertärer Wirrnis als totalen Schrott (v)erkannt und verbrannt habe.

Spurlos verschwunden ist auch ein anderes Lieblingsspielzeug meiner Kindheit: das Bielefeld-Puzzle. Da dieses kleine Puzzle mein einziges war, habe ich es immer und immer und immer wieder zusammengesetzt. Ungeklärt wie sein Verschwinden ist bereits sein Erscheinen auf der Bildfläche meiner Spielecke. Wie hatte diese zuerst so schnörkellos naiv gemalte und dann so gnadenlos zerstückelte Ansicht unserer großen Nachbarstadt den Weg in mein kleines Heimatnachbardorf zurückgelegt? Vielleicht als Präsent eines meiner Bielefelder Onkel-Tante-Pärchen, die das Puzzle da 1974 als Werbegeschenk der Sparkasse abgegriffen hatten? Mutter kann sich heute keinen Reim mehr darauf machen und es ist auch egal, denn mittlerweile bin ich wieder strahlender Besitzer eines Bielefeld-Puzzles! Ja, welch großes Glück, einmal bei Ebay reingeklickt, es jubilierend entdeckt und konkurrenzlos für nur 1 Euro ersteigert. Die anderen Kinder meiner Generation scheinen offenbar andere Sorgen als ich zu haben.

Heute morgen hat mir der Postbote die Versandtasche mit dem kleinen Karton auf die Treppe geworfen. Jetzt liegt diese Schatzkiste neben mir und das Bild auf dem Deckel lässt mich abrupt einige wilde Vorstellungen meines damaligen Kindskopfes erinnern. Das ist ein schönes, fast berauschendes Gefühl. Andererseits frage ich mich aber auch, ob denn mein gerade aktueller Erwachsenenkopf noch richtig funktioniert, denn manche der dargestellten Sehenswürdigkeiten kommen mir sowas von unbekannt vor, dass ich arg bezweifele, mittlerweile schon ein paar Jahre in Bielefeld zu leben.

Und was ist das?! Bei den 126 großformatigen Puzzleteilen liegt ein Zettel, der mich zunächst ganz freundlich als „Lieben Bielefelder" anspricht. Der weitere Text rettet mein lokales Selbstvertrauen mit der Eigeneinschätzung, dass das Puzzle „einige der zahlreichen und manchmal leider viel zu wenig bekannten Schönheiten und Besonderheiten unserer Heimatstadt" darstellt. Vielleicht hat sich ja in fast 30 Jahren so viel geändert! Der eigentliche Smasher ist aber die nebenstehende Bildlegende: Alle „Schönheiten und Besonderheiten" der Stadt sind auf dem Puzzle mit Zahlen markiert, denen auf dem Beipackzettel die richtigen Namen zugeordnet werden. Beim schnellen Überfliegen dieser Liste werde ich schon einiger unangenehmer Ungewissheiten beraubt. Als Kind habe ich diesen Ministadtführer nicht besessen, aber ich konnte ja sowieso noch nicht lesen.

Okay, ich bin wieder entspannt! Um nichts verkehrt zu machen, lese ich noch mal die gut gemeinten Worte und stürze mich jetzt, wie es diese fordern, „mit viel Vergnügen und ausreichend Geduld" ins Puzzle-Abenteuer!

Fertig! Habe 29 Minuten gebraucht. Das ist eine beschissene Zeit, die ich vor 29 Jahren locker unterboten hätte, aber alle Teile sind da, Hauptsache. 41 Bielefelder Attraktionen in einem Rechteck von 24,5 x 39 cm zusammengepfercht. Da steht die Topographie natürlich Kopf. Ein Highlight der so entstehenden städtebaulichen Neuordnung sticht im Zentrum des Puzzles hervor. Dort springen, hinter dem Klosterplatz und direkt unterhalb der Sparrenburg, wie auf einem unsichtbaren Trampolin zwei sich merkwürdigst verrenkende und sich so nach dem über ihnen schwebenden Ball reckende (und auf diese Weise die Bielefelder „Alm" verbildlichende) Fußballer in die Luft und sind dabei mindestens so groß wie das goldglänzende Crüwell-Haus in der nahen Nachbarschaft. Ich bin nie ein Fan der Arminia geworden und stelle mir gerade die Frage, ob vielleicht diese beiden clownesken Kicker dafür verantwortlich sein könnten. Für wahrscheinlicher halte ich es aber immer noch, dass ich mich einfach nicht für einen Fußballverein begeistern konnte, der seine Spiele auf einer gebirgig gelegenen Kuhwiese austrägt.

Das mag schon hämisch klingen, aber nach längerem Betrachten des Puzzles krabbelt jetzt die kindlich grinsende Fratze einer noch viel schlimmeren Verfehlung an dem schönen Bielefeld in mir empor. So schloss ich schon 1974, ganz im Stil der heute im Internet propagierten Bielefeld-Verschwörung, nach der diese Stadt gar nicht existiert, die reale Existenz zweier auf dem Puzzle zu bestaunender Sehenswürdigkeiten zunächst kategorisch aus. Dass es die Sparrenburg wirklich (noch) gibt, habe ich schamhaft spät kapiert. Bei den wenigen Besuchen Bielefelds mit dem Auto oder dem Bus konnte ich den auf dem Puzzle so imposant über allem emporragenden Turm der Burg nie erblicken und meine These war unnachgefragt, dass so ein alter Kasten, in dem früher die nun auch schon lange verschwundenen Ritter gewohnt hatten, nach so langer Zeit gar nicht mehr stehen könne. Die Abbildung auf diesem Puzzle war natürlich auf eine melancholisch-historische Verbundenheit der Bielefelder mit ihrem Wahrzeichen zurückzuführen. Aber wer wie ich, durch die krude Puzzle-Ordnung geblendet, die Sparrenburg immer oberhalb der „Alm" zu erspähen versuche, konnte sie auch niemals sichten.

Als völlig von allen guten Geistern verlassenen Schwindel empfand ich die Abbildung des altrosa Würfels, unten links in der Ecke, mit der breiten Fensterfront und der plumpen, in einem Ausfallschritt verharrenden Gestalt davor. Da ich ein so seltsames Gebäude noch nie gesehen hatte, verwies ich es zunächst ebenfalls aus der Realität und wunderte mich aufgrund fehlender Erklärungsansätze, die ich mir bei der Sparrenburg noch zusammendichten konnte, über die fehlgeleitete Bielefelder Fantasie. Allerdings legte ich diese allzu arrogante Haltung bald ab und versuchte mit einer anderen Theorie, den Würfelbau in die Wirklichkeit zurückzuholen. Maßgeblich beeinflusst wurde dieser neue Ansatz durch den rechts daneben abgebildeten Teich mit einem Goldfisch darin und einer Ente darauf. Ich ahnte damals nicht, dass diese beiden Vertreter der Abteilung Fauna den Heimattierpark Olderdissen präsentieren sollten. Wurde dieser in einem 1955 erschienen MERIAN-Heft über Bielefeld noch so lieblich und hoffungsvoll als „Noahs kleine Arche" bezeichnet, so bleibt zu befürchten, dass Captain Noah beim Anblick dieses tierischen Armutszeugnisses erst gar nicht in See gestochen wäre. Ohne auf die Bilderklärung zu schauen habe ich den kleinen Tümpel auch jetzt gerade noch zweifelsfrei für den Oetker-Park mit seinem Ententeich gehalten, wenn die Oetker-Halle auch wieder am ganz anderen Ende des Puzzles liegt.

Also, als ausgewiesenen Tierexperten brachten mich Ente und Goldfisch auf die Idee, dass die plumpe Gestalt vor dem altrosa Würfel ebenfalls ein Tier sein könne. Ein initialzündender Gedanke: Die Gestalt war ein mies gemalter riesiger Gorilla vor einem Affenhaus, durch dessen große Fensterfront die Bielefelder unsere niedlichen Vorfahren von draußen betrachten konnten. Die Sache war völlig klar! Unklar war mir damals leider, dass ein berühmter amerikanischer Architekt namens Philip C. Johnson extra nach Bielefeld gekommen war, um dort ein so unostwestfälisches Haus zu bauen, in dem noch heute berühmte und teure Bilder an die Wand gehängt werden. Und als Kunstbanausen möge man mich bitte auch nicht beschimpfen, weil ich als junger Bursche in der Bronzeskulptur eines französischen Bildhauers namens Henri Laurens mit dem alles erklärenden Titel „Le matin (Der Morgen)" einen verkrampften Riesengorilla statt einer nicht weniger verkrampften Frau halluziniert habe. Ich möchte diese Gelegenheit nutzen, um mich bei den Herren Künstlern für diese infantilen und leichtsinnigen Interpretationen zu entschuldigen. Aber gleichzeitig kann ich doch nicht verbergen, wie sehr ich mich damals darüber gefreut hätte, wenn die Bielefelder Kunsthalle ein Affenhaus gewesen wäre.

HASS-LIEBE

Silvia Bose

„Mümmelchen vom Mümmelsee: Hey Birkenstockmann. Nicht vergessen: Zahnbürste, Gillette, Socken...", Gerald liest den Gruß im *StadtBlatt* gierig, nippt vom Getreidekaffee und kann sich ein Grinsen nicht verkneifen. Er ist gemeint, der Birkenstockmann. „...Abfahrt 15:30. Bitte diesmal pünktlich", liest er. Ein schöner Tag, eben ein Donnerstag. Nicht dass der Birkenstockmann den Urlaub mit seiner Freundin vergessen hätte, aber ein Gruß im Bielefelder *StadtBlatt* baut auf.

Das als letzte selbst verwaltete Wochenzeitung der Republik gehandelte Blatt fingerten hunderte von Bielefeldern mit zitternden Händen aus dem Briefkasten in der Hoffnung auf den letzten Seiten eine Botschaft zu finden. Wie „Tanne grüßt Tanne". Oder „Na ihr Bethel-Seufzis von der Detmolder Straße! Huba bi-bi. Nicaragua Libre". Andere fragten natürlich, warum Menschen sich solche Dummheiten mitteilen. Und wenn das schon sein muss, warum das nicht unter Ausschluss der Öffentlichkeit passieren kann, sondern unbedingt in der Zeitung. Nur, wer sagt schon einem Zeitgenossen ins Gesicht „torstenster aller torstens, szytrabaschniefsnknquietsch, selbst dran schuld, an all dem Scheiß...", ohne schamesrot im Boden zu versinken. Also doch lieber die Grüße im *StadtBlatt* drucken lassen. Der Voyeur-Dichte ist es wohl geschuldet, dass der Unterhaltungswert von Grüßen und Kleinanzeigen bis zur Pleite des *StadtBlattes* 2001 unumstritten war. Ganz im Gegensatz zum redaktionellen Teil.

Das mag an den hohen Ansprüchen liegen, denen sich das Blatt in einer seiner ersten Ausgaben 1977 verpflichtete. Gegenöffentlichkeit wollten die Gründungsmütter und -väter schaffen. „Unsere Themen sind nicht die großen Ratsempfänge und glatten Sonntagsreden, sondern die Alltagsprobleme der Menschen an ihrem Arbeitsplatz und in ihrem Stadtteil", hieß es. „Damit will die Zeitung dazu beitragen, dass sich die Kluft schließt zwischen denen, die schon Widerstand leisten und denen, die erst anfangen sich zu wehren." Es ging um nichts weniger als um Kampf. Und damit das *StadtBlatt* zu einer „echten lokalen Alternativzeitung werden kann, ist es auf die Verbindung zu den Lesern angewiesen, auf ihre Hilfe, ihre Informationen – ihre Mitarbeit".

Alle, die sich für links und irgendwie anders hielten, waren dabei und schrieben - etwa über den Abriss der Kamphofhütte, einem Treff für Linke. „Den Ratsbeschluss des Bürgerblocks, die Kamphofhütte zu versiegeln und abzureißen, empfinden wir als bewusst gestaltete Provokation und einen ideologisch motiviertem Schritt gegen Menschen in dieser Stadt, deren selbstorganisierten Lebensformen und politischen Meinungen wohl nicht mehr in die Oetkerstadt passt."

Zugegeben, das war nicht immer leserfreundlich getextet. Aber es störte kaum jemanden. Immerhin erfuhr die Szene hier alles, was die „bürgerlichen Medien" totschwiegen. Für die *Neue Westfälische* und das stramm konservative *Westfalenblatt* waren Geschichten über Schwule und Lesben damals tabu. Nur das *StadtBlatt* witterte den Müllskandal, war so nah am Puls der Studenten, Hausbesetzer, Friedens- und Antiatomkraftbewegung. Oder wagte die Kommunalpolitik zu zerreißen für großkotzige Stadtplanung und Sozialkahlschlag. In diesen goldenen Zeiten war die Lektüre des *StadtBlattes* im Rathaus per Dienstanweisung verboten und der Pudding-Konzern Dr. Oetker verweigerte jegliche Stellungnahme. Viel Feind, viel Ehr in der Szene für

Hintergründe, Reportagen, Satiren und gegen den Strich gebürstete Themen.

So weit. So gut. Aber wehe dem den LeserInnen passte etwas nicht. Dann kannten die bürger-, umwelt-, frauen- und was auch immer für -bewegte Bielefelder keine Gnade, rotteten sich zusammen, drohten mit Boykotten, schissen auf die Unabhängigkeit des Blattes und sagten der Redaktion, was in der Zeitung zu stehen hat. Oder forderten auch schon mal die Entlassung eines Mitarbeiters. Das „Schwein" sollte seine Freundin geschlagen haben, hatte sich rum gesprochen und für eine tumultartige Versammlung im selbst verwalteten Arbeiterinnen- und Arbeiterjugendzentrum gesorgt. „Da muss man was machen!" „Ja, Solidarität gegen Männergewalt." „Nieder mit dem Patriarchat – jetzt!" Lynchjustiz lag in der Luft. Schließlich ging es ja nicht um irgendein Männerschwein, sondern um einen Setzer des *StadtBlattes*. Das Urteil war schnell gefällt, der „Skandal" szeneöffentlich gemacht und das Ultimatum ans *StadtBlatt* gestellt: „Feuern!" Die Frist war verstrichen und der Mann noch in Einheitslohn und Brot. „Und das beim *StadtBlatt*!"

Politisch korrekt musste das Blatt sein. Da ging es nicht an, dass die Polizei zu gut weg kam in einer Reportage über nächtlichen Streifendienst oder die Redaktion einem Polizei-Pressesprecher und ehemaligen SEK-Beamten eine dreitägige Hospitanz gewährte. Ein ganz, ganz großer Fehler: „Das ganze vertrauliche Material" sei gefährdet, hieß es – als stapelten sich in der Redaktionsstube hochkonspirative Bekenntnisse der RAF.

Die Hofberichterstatter hatten die Steckenpferde der Linken zu hätscheln. Als ein *StadtBlatt*-Schreiber im Schultest die Gesamtschulen nur in einem Ansatz würdigte, quittierten das Leser mit „...so hätte es die bürgerliche Presse auch gemacht!" Dieses vernichtende Urteil fällte ein anderer auch über den launigen Baggersee-Report. Der „autofixierte" Artikel fordere „zum fröhlichen und gedankenlosen Verpesten der Luft durch Freizeit-verkehr auf. Vom *StadtBlatt* erwartete ich die kritische und umweltbewusste Sichtweise, durch die es sich bislang von der *Neuen Westfälischen* und dem *Westfalenblatt* unterschieden hat". Das *StadtBlatt* musste anders sein – um jeden Preis. Sonst könnte man ja gleich die „Bürgerlichen" lesen, waren sich vom Umwelt-freund bis zum Hundeliebhaber alle einig und verrissen das Blatt. „Selten habe ich in dem sowieso Relativem Nivolosem Blatt (zu schön zum Korrigieren, die Setzerin) eine derartige ‚Scheiße' gelesen, wobei sich Scheiße natürlich, auf das Geschreibsel be-zieht. Wenn euch nichts besseres mehr einfällt euer kümmerliches Blatt zu füllen, als Hunde bez. ihre Besitzer madig zu machen, dann müsst ihr euch nicht wundern das kein Schwein mehr das *StadtBlatt* kauft".

Beißreflexe gegen alles vermeintlich Bürgerliche, Sexistische, Imperialistische forderten die Leser von der Redaktion. Sie wussten was in der Zeitung zu stehen hat. Sie waren die besseren Blattmacher wie jeder einzelne von zehntausenden von Fußball-Fans im Stadion der bessere Trainer ist – oder sich zumindest dafür hält. Die Redakteure schienen dagegen ratlos. Manche hielten sie für entwurzelt, weil sie nicht mehr Teil der Bewegungen waren, für die sie schrieben. Sie hatten ihr Ehrenamt oder Hobby zum Beruf gemacht und waren Journalisten geworden – wohl die schlecht bezahltesten der Republik. Mochten diese Journalisten in ihren Texten noch für Arbeitnehmer-Rechte die Fähnchen schwenken, im *StadtBlatt* beuteten sie sich selbst aus. Wer hier arbeitete, war Gewerkschaftsmitglied aus „politischen Gründen" und tröstete sich damit, dass das „unheimlich wichtig" ist.

Mit einer massiven Persönlichkeitsspaltung ließ es sich also am besten für das *StadtBlatt* arbeiten und mit den Lesern leben. Viele Kämpfer hatten sich mittlerweile aus der Polit-Arbeit zurückge-zogen. Die wenigen, die noch dabei waren, brachten noch immer ihre klein und beidseitig bedruckten Kampfschriften in der Redaktion vorbei. „Hi, hier ist unser Flugi", sagten sie dann mit einem Lächeln. „Druckt das, aber nicht so weit hinten und bloß nichts kürzen". Solche Begegnungen mit dem Leser konnten unangenehm sein und endeten schon mal einem schnippischen „Dann macht euch doch überflüssig".

Nicht überflüssig zu werden, wurde immer schwerer für das *StadtBlatt*. Die „Bürgerlichen" schreckten kaum noch vor Themen zurück. Richtig blöd wurde es, wenn die Journalisten des *StadtBlattes* ergebnisoffen recherchierten und zu einem anderen Ergebnis kamen als die Flugblatt-Schreiber. Und dann zerrte sich die Redaktion noch beim Spagat zwischen politisch korrekter Berichterstattung für die Altleser und Zeitgeistigem für die Jungleser, die der Geschäftsführer des Blattes immer mit ordentlich wichtiger Miene als „Hedonisten" bezeichnete. Letztere haben ihren Spaß gehabt an einer *StadtBlatt*-Nummer, die im Bildzeitungs-Layout daherkam. Die Altleser haben wohl noch die motzigen Lettern und Skandale verheißenden Schlagzeilen geschluckt. Aber der nackte Herr namens Pierre auf der Seite 1 war einfach zu viel. Auch wenn ein Staubwedel statt schwarzem Balken die jugendgefährdenden Details verbarg, ein Ökoladen weigerte sich in dieser Woche die Zeitung zu verkaufen und tönte wie viele andere: „Sexismus – und das im *StadtBlatt*".

Die Gratwanderung ging denn auch schief. Die Auflage stürzte in den Keller - von 5.200 Mitte der 90er Jahre auf 4.100 im Jahr 2001. Aktionismus im *StadtBlatt*. Unternehmensberater diagnostizierten eine „Armutskultur des Verlages mit technischer und räumlicher Billigausstattung, Niedriglöhnen und Unprofessionalität, fehlenden Marketinginstrumenten und unzureichendem redaktionellen Angebot".

Nur hinten im Blatt war die Welt noch in Ordnung. Angefangen beim besten Veranstaltungskalender, den Bielefeld je hatte. Die

Kleinanzeigen waren durchaus amüsant mit Angeboten wie holotrophem Atmen nach Grof, Cranio Sacral Balancing Sessions und der „weltbekannten Kartenlegerin und Lebensberaterin Upsasika". Und die Grüße unumstritten der Renner. Klare Ansagen „sexismus stört meine aura... immer noch!!!" Hier klappte, was im redaktionellen Teil nie so recht gelingen möchte. Altleser und Hedonisten kamen sich nahe: „PDS-Hedonisten: Das rote Cuba ist kein Cocktail. Grund genug zu verzweifeln (Lenin). Ihr seid nur reich & sexy. Wir hassen euch. Der Parteisekretär der illegitimen Exilregierung der DDR". Eine Sternstunde in der *StadtBlatt*-Geschichte. Und danach sehnen sich manche Bielefelder auch nach fast zwei Jahren ohne *StadtBlatt*. Vor allem an Donnerstagen, wenn sie morgens orientierungslos am Frühstückstisch sitzen und irgendwas fehlt. Das *StadtBlatt* mit einem solchen Blödsinn wie „Hey Birkenstockmann..."

BEI MEINER MUTTER,
GEB. 1949 IN BIELEFELD

ÜBERRASCHUNGSEIER

Schneider

An einem Mittag, irgendwann im Sommer 1996, klingelte es an meiner Tür in der Mercatorstr. 7 und Michael B. steht davor. Ich kannte Ihn schon seit einiger Zeit, da er, wie auch ich, in einer Rockband spielte und bei einem Hip Young Things-Konzert in Karlsruhe mal mit seiner Posse und bemerkenswert unüberhörbaren und ausdauernden Lach-Attacken in der Backstage auftauchte.

Um ehrlich zu sein, war der Tuesday Weld-Wahnsinn bei aller Liebe damals schwer über einen ganzen Abend zu ertragen und mir stand kalter Angstschweiß auf der Stirn, als er da in meiner Wohnung stand und meinte, er wäre zuvor bei Sascha in Bardüttingdorf gewesen, hätte seine Mitfahrgelegenheit nach Sinsheim verpasst und wisse nicht, wo er übernachten solle.

Mir war an diesem Tag nicht übermäßig zum Lachen zumute, da ich mal wieder intensiven Stress mit meiner damaligen Freundin hatte und eigentlich nur zurück ins Bett wollte. Doch selbstverständlich bat ich ihn herein. Wir machten es uns in der Küche bequem. Es stellte sich heraus, dass er ebenfalls irgendwie Probleme mit dem anderen Geschlecht hatte und wir fanden eine Flasche billigen Sekt mit blauem Etikett in meinem Kühlschrank, ließen den Korken knallen und redeten das erste Mal intensiver miteinander.

Nach einer Weile und der Flasche Sekt, begann die Casa-orange Küchentapete ihre Farbe zu verändern. Sie wurde langsam grün und mischte sich in bemerkenswerter Weise mit dem fruchtigen

Sommerlicht, das vom Karstadt herüber in die Küche reflektiert wurde.

Wir waren uns einig, dass dieses Getränk leicht bewusstseinserweiternde Aspekte hatte und das Licht von draußen ein Hinweis war. Dort sollte es noch mehr von diesem preiswerten Halluzinogen geben.

Wir gingen aus der Tür und der optische Effekt wurde durch die milde Sommerluft noch verstärkt.

Nach kurzen Aufenthalten in der Post und der Lebensmittelabteilung Karstadts, hatten wir die beiden letzten erhältlichen Exemplare „unserer" Marke unterm Arm und glitten durch die von Aliens stark frequentierte Fußgängerzone zurück in meine Küche.

Nach einer weiteren Flasche und intensiveren Gesprächen und Musikhörerlebnissen bekamen wir schließlich Lust auf mehr und mir fiel ein, dass sich in unserem Kühlschrank seit geraumer Zeit ein gelbes Überraschungsinnenei mit löschpapierartigem Inhalt versteckt hielt... ich hatte es seit mehreren Wochen völlig vergessen, was daran gelegen haben könnte, dass es nicht meins war, sondern meinem Mitbewohner gehörte, der zufälligerweise abwesend war, und wir fanden nun, dass Überraschungseier selten ihrem Namen so gerecht wurden.

Wir teilten uns das kleine, blaue Papier und Michael B. schlug vor, irgendwohin in die Natur zu gehen. „Sparrenburg", dachte ich, und wir machten uns auf den Weg.

Weiter über Beziehungs-Kram und Musik redend, erreichten wir den Fuß der Sparrenburg, setzten uns aufs Gras und beobachteten kleine Menschen mit Harlekin-Mützen und grünen, Robin Hood artigen Filzstiefeln. Sie waren überall und kullerten den Hang hinunter. Michael B. und ich wurden neugierig und machten uns auf den Weg ins Zentrum der Burg, wo wir den Ursprung dieses Phänomens vermuteten.

Von einer Minute auf die andere befanden wir uns plötzlich im tiefsten Mittelalter. Es gab altertümliche Marktstände, die Met, interessante Gewürz- und Pilzmischungen, eine prähistorische Variation von Bier und allerlei gesund aussehende Speisen feilboten. Die meisten Menschen kamen uns vor wie Fashionvictims aus dem dreizehnten Jahrhundert, deren Vokabular beim besten Willen nicht zu entschlüsseln war. Völlig verdutzt tasteten wir uns langsam vorwärts und streiften einen in Leinen gewickelten, vom Schicksal schwer bestraften Mann, der auf dem dreckigen Boden herumkroch und zu uns sprach: „Haltet ein, holde Knaben, habet Ihr noch einen Silberling für einen armen Leprakranken?" Wir warfen ihm aus sicherer Distanz jeweils eine Mark in seinen Schoss und machten uns, so schnell es ging, aus dem Staub.

Den Schock noch im Nacken, kamen Michael B. und ich an einem Streichelzoo vorbei, wo es neben dem erwarteten Viehzeug wie Ziegen und Steinböcken auch Kinder gab, die irritierender Weise in der Kindermode der heutigen Zeit gekleidet waren. Sie taten uns leid, da wir vermuteten, dass diese Kinder irgendwann einmal durch ein Raum-/Zeit-Kontinuum gefallen sein müssen und jetzt als eine Art Tiere galten. Michael war den Tränen nahe und stieg über den Zaun, um die Kinder zu streicheln und zu trösten.

Ich stand davor und merkte langsam, dass meine Augen sich verselbstständigten und nicht mehr in die selbe Richtung schauen wollten. Jedes Auge schaute sich unabhängig vom anderen in der Gegend um. Ich dachte, jetzt wäre es Zeit, etwas zu essen.

„Eiweißmangel!", vermutete ich, bahnte mir halbblind meinen Weg durch das bunte Treiben zu einem dieser Stände und zog mir einen fettigen Fisch mit Brötchen und Remoulade rein.

Danach war mir schlecht und der Kontrollverlust nahm seinen Lauf.

Zum Glück kam Michael vorbei und erzählte etwas von Ritterkämpfen, die in der Nähe stattfinden sollten. Auch er sah etwas merkwürdig aus mit seiner blauen Laterne auf dem Kopf. Ich ließ mir nichts anmerken.

Dort, wo die Ritterkämpfe stattfinden sollten, spielte gerade noch eine mittelalterliche Band mit selbstgebauten Instrumenten, die uns extrem missfiel. Wir beschlossen, in der Annahme, dass diese Ritterkämpfe sowieso zu brutal oder an den Haaren herbeigezogen für uns wären, diesen Ort der Verirrungen zu verlassen.

Michael und ich nahmen unsere Beine in die Hände und tauchten wieder in die urbanen Strukturen Bielefelds ein.

Wieder einigermaßen klar im Kopf fragte ich ihn, ob er eigentlich Eddi kenne. Der sei auch in meiner Band und war damals in Karlsruhe nicht dabei, weil er sein Abitur nachmacht.

Er, auch wieder klar im Kopf und ohne blaue Laterne, meinte: „Nein".

Ich schlug vor, Eddi und seine damalige Ehefrau Susanne zu besuchen, da ich ahnte, dass er auch noch so ein Überraschungsei im Kühlschrank hat.

Wir klingelten an seiner Tür in der Breiten Strasse und, yes!, er war zuhause... was für eine Freude! Ich stellte die beiden einander vor und sie verstanden sich sofort extrem gut. Wir hingen eine Weile Sekt-trinkend in seiner Küche ab und erzählten ihm von unserer Reise in die Vergangenheit. Schließlich ergab sich auch noch die erhoffte Überraschungsei-Aktion und der Abend war gerettet. Allerdings war Eddi leider nicht mit von der Partie, da wieder irgendwas mit seinem Abi war oder so...

Wir verabschiedeten uns und gingen erst mal wieder zu mir. Schon auf dem Weg wurde uns schnell bewusst, dass Eddis Material von etwas höherer Qualität war und beschlossen mit Fahrrädern durch die Gegend zu fahren. Ich bot Michael ein kleines, aber feines Klappfahrrad an, dass ich mal bei uns im Keller gefunden hatte. Ich schwang mich auf meinen Schwinn-Cruiser, den ich einige Wochen vorher in einem Sportladen aufgrund eines Transportschadens für extrem wenig Geld erstanden hatte.

Wir fuhren aus der Mercatorstrasse, über den Jahnplatz, an der Spinnerei vorbei in Richtung Blaue Lagune, wo wir uns noch jeweils eine Dose Bier als Weg-Proviant holen wollten. Als wir dort ankamen, merkten wir sofort, dass es schwer werden würde, von den Rädern abzusteigen und dort hinein zu gehen, geschweige denn überhaupt zu stehen. Michael und ich waren in kürzester Zeit Eins mit unseren Fahrrädern geworden.

Wir zogen es trotzdem durch, da alle anderen Alternativen sowieso völlig indiskutabel schienen, und begaben uns danach wieder in den Flow. Zeit, Raum und Geschwindigkeit verloren jegliche Relation zueinander. Es war DER Zustand, perfekt!

Ich weiß nicht mehr, wie lange wir schon gefahren waren, als Michael B. zum Pinkeln anhalten musste, von seinem Rad abstieg und völlig irritiert davon war, dass es nicht so aussah wie meins, wo er sich doch auf seinem Klapprad die ganze Zeit so gefühlt hatte, als sei es mein Cruiser, auf dessen Sattel hinten stand: super soft... aahh!

Wir glitten weiter durch Wälder, Industriegebiete, vorbei an Teichen und an CDU-Wahlplakaten, Gesichter, die uns an unsere Zeit im Mittelalter erinnerten. Es schien so, als würden wir gar nicht selber fahren, sondern als würde eine endlose Filmkulisse an uns vorbeigezogen werden.

Mir kam es vor, als hätten wir eine Wahnsinnsgeschwindigkeit drauf und während ich vorschlug, etwas langsamer zu fahren, fiel ich auch schon um – ich hatte nicht realisiert, dass wir schon fast standen.

Ok, es war wieder Zeit für etwas Aktion. Wir lenkten unsere Maschinen in Richtung Chattanooga, wo in dieser Nacht eine What's That Noise-Party oder irgendein Hauke Schlichting-Abend stattfand... ich wusste auf jeden Fall noch, dass Kirsche dorthin wollte und freute mich schon darauf, mit Michael da in so einer großartigen Verfassung aufzuschlagen.

Wir waren uns einig, dass wir da nicht einfach hineingehen und uns unters Volk mischen konnten, schon weil es zu bewegungstechnischen Komplikationen hätte führen können. Nein, wir fuhren ohne Eintritt zu bezahlen durch die Tür, den nicht gerade durch Quadratmeterzahlen bestechenden Eingangsbereich, drehten eine Rund vor der Bar und schnappten uns zwei Drinks, um dann zu versuchen, mit den Rädern auf die Tanzflächen zu gelangen.

Die mir meist bekannten Gesichter schienen wenig Verständnis für unser Vorhaben auszudrücken und sahen generell heute Abend etwas ausgedrückt aus… es wurde schnell klar, dass dieses nicht unser Film war.

Nach zwei angestrengten Getränken im Chattanooga, machten wir uns wieder auf den Weg durch die Nacht, um unsere Mission für dieses Mal zu beenden.

Ansonsten hat sich in den letzten sieben Jahren die Partnerschaft zwischen Michael, der mittlerweile Kptmichigan heißt, und mir weiter intensiviert und nur insofern verändert, als dass wir die Fahrräder gegen Flugzeuge oder Tourbusse und Bielefeld gegen die Welt eingetauscht haben. Wobei hingegen einiger Milleniumssekten-Theorien Bielefeld ja doch durchaus ein nicht zu unterschätzender Teil dieser Welt ist.

BRAKE BEI BIELEFELD

Martin Heckmanns

„ Get rich or die tryin'"

Handle stets so, dass die Anzahl der Möglichkeiten wächst. E. hat sein Zimmer aufgeräumt. Am Montag beginnt seine Umschulung zum Werbekaufmann, vorher will er seine Verhältnisse geklärt haben, zumindest seine Besitzverhältnisse. Er will sich eine gewisse Unbeschwertheit zulegen, dafür muss er sich von seinen Sammlungen trennen. Er reißt die Nacktbilder von der Wand und bittet, dass es die letzten gewesen sein mögen. Er kennt seine Sucht, er weiß nicht, wann sie geheilt ist. In den letzten Jahren hat er seine Ersparnisse für Pornographie ausgegeben. In seinem Zimmer hängen Fotos, die er ästhetisch nennt, schwarz-weiß Bilder von nackt sich räkelnden Frauen vor historischen Kulissen. In den verschließbaren Schränken stapeln sich die Pornos, die er nicht ästhetisch nennt, die er Pornos nennen würde. Die Schlüssel bewahrt er in einem Brustbeutel. Der isolierte Mensch lässt sich nicht beobachten.

E. wohnt bei seiner Mutter. Während des Studiums hat er es für einige Semester nach Bielefeld geschafft, dann lief das BaföG aus und E. zog zurück nach Brake in sein Kinderzimmer. Seine erste Freundin hatte ihn verlassen, das Studium hatte er aufgegeben, er fing als Packer in einer Textilfabrik an. Zuhause zahlte er Wohngeld, den Rest seiner Einkünfte investierte er in Pornos und Bordellbesuche. Mit dem Fahrrad fuhr er ins Madame an der Bundessstraße. Den Kollegen in der Fabrik erzählte er, wie es in der Welt zuging, er hatte Kontakt zu Frauen aus aller Herren

Länder. Was er denn studiert habe, der Herr Student, fragten sie ihn im Lager, Lochkunde, fragten sie und lachten auf. E. war froh, wenn er wieder zu Hause war. Ich und Du erzeugen sich gegenseitig; keiner wird ohne den anderen, oder noch anders ausgedrückt: man sieht sich selbst mit den Augen des Anderen.

E. schmeißt die Videos in einen Müllsack, sortiert Kinderbücher in eine Kiste fürs Antiquariat und Aktenordner ins Altpapier. Bei seinen Studienunterlagen bleibt er hängen, liest in seiner ersten und einzigen Hausarbeit. Über die Ethik des Radikalen Konstruktivismus. Wir haben nur die Welt, die wir zusammen mit anderen hervorbringen, und nur die Liebe ermöglicht uns, diese Welt hervorzubringen.

*

Wir waren The Deans. Zwar hatten wir es nur zu zwei verunglückten Auftritten auf dem Schulhof und im Jugendzentrum gebracht, bevor wir uns auflösten, im Wortschatz unserer Mitschüler blieben wir The Deans. In Brake hielt der Zug zwischen Herford und Bielefeld und unser Held der Jugend war Dean Moriarty, der Protagonist aus „Unterwegs". Ja, ja, war alles, was er sagte. Es schien nie ein Ende nehmen zu wollen.

M. war unser Schlagzeuger. Er hatte das Buch als letzter gelesen und wollte uns übertreffen in seiner Verwirklichung. Er begann an einer Tankstelle zu arbeiten, lernte Saxophon und hörte Bebop. Alles fand er groß und bedeutend, er übte sich in Begeisterung. Er trampte durch Europa und brachte von seinen Reisen eigenartige Gestalten mit nach Brake und feierte mit ihnen wilde Feste in der Garage seiner Eltern. Die Amerikaner sagten brake, nannten uns brakesmen und lachten beim Anblick der Vorgärten. Wir ließen uns nicht gerne auslachen. M. wollte nur, dass es weiter gehe und trank und kiffte und quatschte wildes Zeug über den Sinn des

Lebens wie er es in Beatbüchern gelesen hatte. Wir fanden ihn naiv, wir waren inzwischen bei Schopenhauer und Straight Edge. Es gibt immer noch ein Mehr, es geht immer noch ein bisschen weiter. Am Abend rasten wir nach Sacramento.

M. arbeitet immer noch an der Tankstelle, und wenn ich ihn besuche, empfinde ich Stolz, einen Tankwart zu kennen. Dass er als einziger von uns noch in Brake lebt, passt ins Bild. Jack Kerouac ist im Alter Katholik und Alkoholiker geworden und hat bei seiner Mutter gewohnt. Unserem Ideal von damals ist M. nah geblieben, auch wenn er selten verreist. Er hat wenig Geld, hört immer noch begeistert Musik und wirkt, als hätte er alles noch vor sich. Wir lachen viel, wenn wir uns sehen und sitzen gern in der Garage seiner Eltern. Unsere Vorbehalte gehen verloren, wenn wir so tun, als habe sich nichts geändert. Nach einer Flasche Wein gelingt es mir ihn zu beneiden, wenn er sagt, er brauche nicht mehr, er sei ein Bauer und sein Feld die Tankstelle. Ich frage mich nicht mehr, ob er in Zitaten spricht und was aus uns hätte werden können mit einer anderen Lektüregeschichte. Wir nehmen und geben und bewegen uns in der unglaublich komplizierten Süße des Lebens hin und her in jede Richtung.

*

B. lacht, während er sich erinnert. Er sitzt in der Küche seines verfallenden Bauernhauses, eingehüllt in Wolldecken und erinnert sich an den Besuch aus Amerika. Der Cowboyhut war sicher Parodie, sagt er, und schüttelt den Kopf ungläubig und das dünne lange Haar und lacht. B. lebt in einem Bauernhaus bei Brake, die meiste Zeit in dessen Küche, weil er es sich nicht leisten kann zu heizen. Der Flur und die Zimmer sind bis unter die Decke vollgestellt mit Büchern, Zeitschriften und Kisten mit Aufschriften: Valéry, Rosenzweig, Negative Theologie.

Den Hof hat B. vererbt bekommen, Scheune und Felder hat er verkauft, von den Einnahmen konnte er die letzten Jahre leben. Das Geld ist aufgebraucht. Erst in den letzten Monaten hat er bemerkt, wie niedrig die Honorare für seine unregelmäßigen Lyrikübersetzungen wirklich sind. Er musste das FAZ-Abo kündigen. Zwei Monate später bot er seine Carl-Schmitt-Ausgabe bei ebay preis. Er hatte lange überlegt, Carl Schmitt begleitete ihn seit seinem Studium, als Ergänzung und Gegenposition zu Walter Benjamin, einem seiner weiteren Leib-und-Magen-Autoren, wie der dürre B. gerne sagt. Er hatte einen Mindestpreis festgelegt, der ihm fast unbezahlbar erschien. Täglich beobachte er die Entwicklung bei ebay und war überrascht, dass sich schon nach kurzer Zeit eine Zweikampf entwickelte zwischen starbuck und schleicher, zwei Bietern mit albernen Namen. Kurz verspürte B. den Impuls mitzusteigern. Es schmerzte ihn, seine Bücher als Ware zu sehen im Internet, zu dem er sich erst auf Druck mehrerer Lektoren und Herausgeber seiner Übersetzungen Zugang verschafft hatte. Der Übersetzer hat die Fremdheit der fremden Sprache in der eigenen wiederzugeben.

Die Frist lief ab, am Ende behielt starbuck die Überhand und zu einem Preis weit über Bs Erwartung hatte seine Carl-Schmitt-Ausgabe einen Käufer gefunden. Nach kurzer Zeit meldete sich David Springer aus Colorado, er wolle in den nächste Tagen vorbeikommen. B. hielt die Anschrift für einen Witz unter Netz-Nutzern, den er nicht verstand und sagte zu, sie hatten ihm inzwischen das Gas abgestellt. Drei Tage später kam David Springer mit Cowboyhut in einem Mercedes-Cabrio vorgefahren, einem Leihwagen mit Münchener Kennzeichen. Er war mit dem Flieger aus Colorado gekommen und musste schon am nächsten Tag zurück. Vorher wollte er noch Heidelberg wiedersehen, dort hatte er vor über 20 Jahren Philosophie studiert, B. einige Jahre später. Kurz fragte sich B., ob auch er als Unternehmensberater hätte Erfolg haben können. Übersetzen heißt, zwei Herren dienen; also kann es niemand.

*

K. war ein Star. Im spezial kannte sie jeder. Sie konnte trinken wie ein Mann, sie hatte einen derben Humor und wenn es spät wurde, setzte sie sich ans Klavier und sang Lieder von ABBA oder Jacques Brel. Männern, die sie abblitzen ließ, schenkte sie ein Reclam-bändchen von Pascals Gedanken, das sie stets in ihrer Handtasche trug, genau wusste keiner, warum. Mit den anderen ging sie ins Bett. Alles Gute, lautet die Widmung in meinem Band, und trink nicht so viel. Einen Kuss habe ich dann aber doch bekommen. Seinslage des Menschen: Unbeständigkeit, Langeweile, Unruhe.

K. hatte sich an einer Schule für Musical beworben, war abgelehnt worden, stattdessen war sie Studentin der Romanistik und Soziologie in Bielefeld geworden. In der Verkleidung einer Diva saß sie in den öden Hallen der Reformuniversität, lachte über sich und verachtete die Jurastudentinnen im Kostüm. Die Größe des Menschen ist groß, weil er sich als elend erkennt. Sie trennte sich von ihrem Freund, einem Soziologiestudenten, und zog abends wieder durch die Kneipen. Von ihrer ersten Nacht mit einem zypriotischen Kellner wurde sie schwanger, der Kellner ging zurück nach Zypern, K. brach ihr Studium ab und zog zurück zu ihren Eltern. Sie begann als Aushilfe in einer Pizzeria zu arbeiten, nach Feierabend zog sie ins spezial, so oft es ging. Von der alten Besetzung waren nur noch die Schwerfälligen da. K.s Stimme war schwächer geworden. Es ist ein furchtbar Ding zu spüren, wie einem alles entgleitet, was man besitzt.

Das Kind geht inzwischen zur Schule, K. arbeitet weiter in der Pizzeria und lebt mit einem arbeitslosen Buchhändler, einem ehemaligen Stammgast zusammen in einer 2-Zimmerwohnung.

Bei unserem letzten Treffen rauchte sie viel, trank keinen Schnaps mehr, dafür umso mehr Bier. Die Größe der menschlichen Seele besteht darin, sich in der Mitte zu halten.

*

Lieber Martin,
danke für Deinen Brief. Ich habe mich gefreut, mal wieder von Dir zu lesen, der Text hat mich nicht gefreut. Zuerst einmal finde ich es erstaunlich, dass Du so distanziert von mir schreibst. Ich lese nichts von unserer Nähe, alle Informationen könnten auch von einem entfernten Bekannten stammen. Dementsprechend finde ich mich in der Beschreibung nicht wieder. Ich bin eben und war nie ein Star, über dessen Abstieg jetzt berichtet werden kann. Ich bin auch nicht gescheitert oder nur nach den staatstragenden Maßstäben, die du anlegst. Indem du sie anlegst, festigst du sie.

Dass produktive Scheitern, von dem Du gesprochen hast, finde ich hier nicht wieder, es sei denn, dein Text ist das Produkt meines Scheiterns. Dann würde ich das Produktive eher Vampirismus nennen. Ich bin schon enttäuscht, weniger von dem Text als von Deiner Beobachtungsgabe und Deiner Sicht auf mich. Ich lese den Text gerne, vielleicht weil er diese Klarheit vortäuscht, so läuft das Leben, so geht's bergab. Mit mir hat er nicht viel zu tun. Besuch mich mal wieder.

Schöne Grüße, K.

P.S. Du kannst ihn gerne veröffentlichen lassen, wie gesagt, um mich geht es dabei nicht.

Liebe K.,
...für diese Mal schaffe ich es nicht, aber ich schreibe schon an einer neuen Fassung. Du hast Recht...

Dein Martin.

IM SALON

Volker Backes

Dem modisch bewusst lebenden Menschen unserer Zeit ist es schlichtweg unmöglich geworden, die äußere Erscheinungsform seines Haupthaares zu vernachlässigen, will er sich nicht völlig ins gesellschaftliche Off begeben. Und in einer Stadt mit zahlreichen Star- und Weltmeistercoiffeuren erscheint es mehr als fahrlässig, sein optisches Schicksal nicht in die Hand eines Könners zu legen.

Allerdings schlagen sich wie so häufig im Leben Qualität und Ruf im Preis nieder. Wie oft schon stand ich am Verkaufstresen eines Barbiers, rang zunächst nach Luft und kämpfte schließlich gegen bittere Tränen, als mir der Künstler seine Salärvorstellungen unterbreitete. Die skrupellosen Krämerseelen dieser Zunft nutzten zudem noch den Schockzustand meiner geschröpften Wenigkeit und jubelten mir sinnlose Wässerchen zu abermals hohen Preis unter, auf deren verheißungsvolle Wachstumsversprechen ich bis heute warte. Das einzige Haar, das bei mir seitdem unbändig wuchert, bekommt nur eine ausgewählte Elite zu Gesicht. Der zunehmende Rückgang meines Kopfhaares schließlich führte auch zum Rückgang der Besuche dieser professionellen Groschentöter.

Aber auch was wenig wächst, wächst schlussendlich und muss irgendwann ab. Beim Betrachten einer Heimwerkershow im Regionalfernsehen reifte der Entschluss zur Selbsthilfe. Ich erwarb einen kleinen Handmäher und schritt zur Tat. Das Ergebnis war überwältigend, doch irgendwann gingen mir die originellen Entgegnungen auf die Frage, wie lange ich denn in dem Internierungslager gelebt hätte, aus. Also suchte ich nach Freundschaftsdiensten, den Langhaarschneider stets im Gepäck. Die meisten Freunde scheuten jedoch die Verantwortung. So wird das nichts mit unserer gesellschaftlichen Weiterentwicklung. Die wenigen, die Hilfe anboten, unternahmen die Operation leider entweder mit der Feinmotorik eines Holzfällers oder mit völlig unzureichendem technischem Verständnis: „Wie, den Scherkopf kann man justieren? Ist ja abgefahren."

Ich habe Sinn für harte Witze, aber irgendwann trieb mich ein dringender Wunsch nach seriöser Ausstrahlung zurück in die Hände eines Profis. Auf nahezu allen Sektoren des täglichen Bedarfs gibt es taugliche Billiganbieter, die sich ohne viel Schnickschnack auf das Wesentliche konzentrieren. Solches versprach mir auch das Schild, auf das ich stieß. „Herrenfrisör" stand da und daneben deutlich erkennbar der schlichte Markenname: „Salon Marx". Konnte bei so einem Namen viel schief gehen? Ich dachte nein, als Dauerkunde könnte ich mich dann immerhin Salonmarxist nennen.

Ich öffnete die Tür und wurde von dichten Nebelschwaden begrüßt. Einem rhythmischen „Klack Klack" entnahm ich, dass der Meister schon am Werk war. An der gegenüberliegenden Wand konnte ich schemenhaft einen freien Stuhl entdecken, auf dem ich Platz nahm. Vor mir warteten noch zwei ältere Herren, überhaupt tat ich einiges für den Altersschnitt der Anwesenden. Mit mir war auch plötzliche Ruhe eingekehrt. Man rauchte und schwieg, ich wurde ausgiebig gemustert.

Lange Minuten später röchelte der Mann neben mir (heiser): „Sach ma, woran issn Horst eigentlich jestorm?" Die Antwort kam ebenso heiser zurück: „Na, Lungenkrebs." Das leuchtete mir ein, und schlagartig wurde mir klar, worauf ich Platz genommen hatte. Auf dem Horst seinen Stuhl. Ich fühlte mich zu jung, um diese Nachfolge anzutreten und war wieder auf der Suche nach einem Frisör.

Der Silberschweif am Horizont maß auch nur gute 15qm, trug das „Herrenfrisör"-Emblem und war betitelt mit „Pamukkale Berberi". Der Meister, ein 1,65m großer freundlicher Mitfünfziger türkischer Herkunft, winkte mich herein. Die Inneneinrichtung bestand aus zwei Behandlungsstühlen und einem Wohnzimmertisch mit drei Lederstühlen im 70er-Jahre-Flohmarktstil. Das Schaufenster verzierte ein ausgestopfter Hahn, an der Wand hingen ein Koranbild und Fotos türkischer Urlaubsorte, die Informationsecke bot Hürryet und Bild. Man reichte mir einen Tee. Ich wollte schon meine Dienstleistungswünsche erläutern, aber der Meister meinte nur: „Ärrrst trink. Pause!" Als er ausgetrunken hatte, zündete er sich eine neue Zigarette an und betrachtete meinen Kopf. „Kurrrz?", fragte er. „Kurz", bestätigte ich. „Ore frei?" wollte er wissen. „Ja, Ohren frei, bitte." Ich wollte noch auf meinen komplizierten Wirbel am Hinterkopf hinweisen, aber der Meister kam in Fahrt. Seine Augen verengten sich zu Schlitzen, er inhalierte einen tiefen Zug von seiner Zigarette und schritt zum Ablagetisch. „Aaaah, Maschine." Mit klaren Bewegungen rasierte er meinen Kopf mit einem Langhaarschneider, ohne die Zigarette aus dem Mund zu nehmen. Sein Charisma ließ mich verstummen. Nonchalant wischte er mit einer kleinen Handbewegung heruntergefallene Asche von meinem Ärmel. Mit einem Messer kürzte er meine Koteletten, entfernte die Haare aus meiner Nase und stopfte schließlich auf einen Holzspieß etwas Watte, die er mit einer Flüssigkeit tränkte. Als er den Wattebausch entzündete, stieg Unruhe in mir auf. Der Meister machte eine beschwichtigende Handbewegung. Mit kurzen, schnellen Bewegungen fackelte er Härchen an meinen Ohren ab. Dann war er fertig. „Kann ruhig noch etwas kürzer", meinte ich, als ich sein Werk im Spiegel begutachtete. „Nein", sagte er und damit war die Angelegenheit erledigt. Der Meister weiß eben, was er zu tun hat.

Ich gehe nun regelmäßig dorthin, die Performance ist unschlagbar und auch wenn die Konversation aufgrund der Sprachbarriere arg eingeschränkt ist (was ich als Vorteil erachte, der Salon ist vergleichsweise ein Meer der Ruhe), lerne ich immer etwas über das Leben. „Früher musse könne Fraue fikke mache, heute Scheisse", philosophierte der Meister einmal niedergeschlagen und seufzte. Ich war mir nicht ganz sicher, die Semantik vollständig erfasst zu haben, sagte aber vorsichtshalber „Aha." Der Meister nickte. Und verriet mir noch das Geheimnis meines Haarrückgangs: „In Türkei kein Mann Haare wie Du. Hier Bielefeld viel Männer so. Probläm is schlächte Luft, kommt von saure Regen. DAS mache Haare weg."

1:8

Klaus Linnenbrügger

Hamburg hat die Elbe, Mr. Kebab, das Falkensteiner Ufer, die Schanze, den Kiez, das Großstadt-Revier, die U3, den Brückenportugiesen – und jeden Sonntag vermisse ich Bielefeld.

Ich vermisse das Gebimmel des Weckers, ich vermisse die umgehend einsetzenden Kopfschmerzen, den hastig runtergespülten Kaffee, die Suche nach meinen Stutzen und das Müffeln aus der Sporttasche, wenn ich sie dann endlich gefunden hatte. Ich vermisse jede einzelne dieser kleinen Scheußlichkeiten, weil sie in ihrer immer gleichen Abfolge über zehn Jahre eine Verheißung bedeuteten.

Gleich wird gekickt! Mit meinen Freunden, auf der Radrennbahn, in der Wilden Liga. Und das war toll! Das war sogar toll bei 4 Grad und Nieselregen im November, auch wenn Umkleidekabinen fehlten und Tornetze und Schiedsrichter und manchmal auch der elfte Mann.

Die Radrennbahn, Heimat der Wilden Liga. Ein riesiges Areal mit fünf zerschundenen, buckligen Moosplätzen. Die Amateure von Arminia haben hier mal trainiert, allerdings nicht lange. Sie hatten zwei der Plätze mit hohen Gittern eingezäunt, um den Rasen vor dem Plebs zu schützen. Ein aussichtsloses Unterfangen. Die Gitter wurden immer wieder aufgebrochen, die Plätze zurückerobert, die Radrennbahn gehört der Wilden Liga. Dort streiten dann jeden Sonntag 30, 40 Mannschaften nach einem selbstgebastelten Spielplan um den Ball. Mal unbeholfen, mal genial, oft torreich, immer leidenschaftlich.

Aber muss man das überhaupt erzählen? Gibt es jemanden in Bielefeld, der die Wilde Liga und ihre Mythen nicht kennt? Jemand, der nicht davon gehört hat, dass hier der letzte Mann auch eine Frau sein kann? Wenigsten aber das ist Allgemeingut: die Wilde Liga, das sind die mit den lustigen Mannschaftsnamen: Dr. Reiner Klimke auf Ahlerich. Fellatio Rom. Dieter Hoeneß Hirnverband. Die Zeugen Yeboahs. Mein Freund ist aus Leder.

Die Wildromantik der DFB-abseitigen Liga mit all ihren Freiheiten und dem betonten, weniger realen Anderssein war natürlich damals, als sie für mich noch keine Erinnerung war, sondern das sonntäglich Brot, oft auch mal zum Kotzen. (Und ich rede jetzt nicht nur über die nicht vorhandenen Heißwasserbrausen nach einem Match bei 4 Grad und Nieselregen im November.) Ein Fußballspiel ohne Schiedsrichter zum Beispiel lässt Jungmenschenträume von einer Welt ohne Autoritäten recht schnell als albern erscheinen. Abseits ist, wenn der Schiri pfeift? Nicht in der Wilden Liga. Hier war Abseits, wenn irgendwer „Abseits!" schrie. Und irgendwer schrie immer. Kein Mensch kann sich vorstellen, wie sehr das genervt hat. Es ist ja auch nicht so, als ob in dieser selbstorganisierten, 1975 aus linksalternativen Wurzeln und Jugendzentren erwachsenen Liga lauter Gutmenschen zu Werke gingen, die kein anderes Ziel verfolgten, als den Ball ergebnisunabhängig zu verwöhnen. Es geht hier, als Inzwischen-Hamburger muss ich wohl sagen: dort, zuvorderst ums Gewinnen. Was ja aber auch der Grundidee des Spiels durchaus entspricht. Oder die Sache mit dem elften Mann. Manchmal kam er nicht. Keiner wusste, warum. Angekündigt war er ja. Und dann stand man da, wartete und fror. Der elfte Mann fehlte immer nur bei 4 Grad und Nieselregen im November.

Viele neue Mannschaften in der Wilden Liga starben früh, weil sie unterschätzen, dass eine funktionierende Organisation wichtiger ist als das spielerische Vermögen. Da zerplatzt dann noch so ein Jungmenschentraum. Was nützt die Liebe zum Leder, wenn Du niemanden hast, der die halbe Woche den Leuten hinterher telefoniert, gerne auch an Samstagabenden noch, damit auch ja alle, oder zumindest elf Mann, am verabredeten Ort pünktlich auflaufen?

Bei uns hat das (fast) immer geklappt. Aber wir hatten ja auch Hansa. Hansa hat sich gekümmert, hat Trikots beschafft und Trikotsponsoren, hat die Spieltermine verabredete und die Mannschaftskasse geführt. Seinen größten Coup landete Hansa als er uns einen exklusiven Rasenplatz besorgte. Er hatte ihn den englischen Soldaten an der Detmolderstraße abschwatzt. Und was, bitte, ist geiler als ein eigener Rasenplatz? Mit abgekreideten Linien, Eckfahnen und Tornetzen!

Hansa ist einer der Gründe, warum ich die Wilde Liga so vermisse. Als Hansa bei uns anfing, war er Mitte 40. Eine Zeit lang versuchte er sich als raubeiniger Defender, später wechselte er ins Tor, notgedrungen, von jetzt auf gleich, ohne jegliche Vorbildung. Flachschüsse hasste er am meisten. Sie ließen ihn, der als gelernter Feldspieler verinnerlicht hatte, keinesfalls mit der Hand zum Ball zu gehen, oft schlecht aussehen. Ein Jahr später war Hansa der beste Torwart der Liga.

Hansa hat auch die Weihnachtsfeiern organisiert. Die verliefen auch mal schleppend, was nicht Hansas Fehler war. Es war nur so: Elf Freunde waren wir auf dem Platz und nach dem Spiel neben dem Platz, wenn wir noch ein Bier tranken oder einen ausschossen. Trafen wir uns außerhalb des Paralleluniversums Wilde Liga mit seinen eigenen Regeln, Rollen und Kostümierungen stockte der Spielfluss. Wir waren Gleichgesinnte in Sachen Fußball. Nur wer nie Fußball gespielt hat, glaubt, dass das wenig wäre.

Letztes Jahr bin ich nach zwei Spielzeiten Abstinenz noch einmal für meine alte Wilde Liga-Mannschaft aufgelaufen. Ich habe mich hinten angestellt, ich war ja nur Gastspieler. Eine

Viertelstunde vor Schluss kam ich ins Match. Ich war nervös, wie beim ersten Wiedersehn mit einer verflossenen Liebe. Mir gelang eine Grätsche, mehr nicht. Wir verloren 3:1. Es hat genieselt an diesem Sonntag, wohlmöglich bei vier Grad. Es war ein schöner Sonntag. Hamburg hat keine Wilde Liga.

NICHT AM

Lutz Erkenstädt

Bielefeld
liegt nicht am Rhein,
drum muss
man dort nicht fröhlich sein.

DIE SCHÖNSTE STUDENTIN

Katja Dammann

DIE SCHÖNSTE STUDENTIN GEHT ZUR UNI

Ach! seufzt die schönste Abiturientin, ach! und dabei verwirren Sorgenfalten die hübsche Stirn. Sie muss sich entscheiden: Wo soll sie bloß studieren? Berlin ist zu schmutzig, München zu teuer und Paderborn auch zu weit weg.

Sie beugt sich über den Stadtplan und findet schließlich ihre Straße. Mit dem rotlackierten Fingernagel fährt sie über den Plan und landet auf einem großen Parkplatz vor einem roten Riegel. Das scheint ein wirklich großes Haus zu sein, grübelt die schönste Studentin in spe und kaut nervös am Fingernagel.

Tags darauf steht sie vor dem Haupteingang der Universität Bielefeld. Ein leise gehauchtes Ach! fliegt aus ihrem Mund und ihr kleines Vogelherz hüpft: in Bielefeld kann man also auf eine Universität gehen. Sie schiebt den Riemen ihrer Handtasche die Schulter hoch und betritt entschlossen das Gebäude.

Umwandert von vielen Menschen steht sie mitten in der großen Halle und schaut sich um: ein Stehcafé, ein Restaurant, eine Sparkasse und ein Geschäft mit fröhlichem Krims-Krams – fast wie ihre Lieblingseinkaufspassage.

Wo man denn hier wohl studieren können kann fragt die schönste Studentin in spe einen jungen Mann. Er lächelt und öffnet die Arme mit großer Geste: Überall! Überrascht sagt da die schönste Studentin in spe, ach! Der junge Student, der sich als der letzte linke vorstellt, erläutert wie in der Universität der kurzen Wege die Interdisziplinarität echt umgesetzt wird.

Die schönste Studentin sieht ihn vergnügt an. Prima! Hier kann sie dann also ihre Lieblingsdisziplin bestens mit einem Studium verbinden. Sie küsst den errötenden letzten linken Studenten auf die Wange und fährt in die Stadt. Zum Flanieren und Studieren braucht sie unbedingt ein neues Kleid.

DIE SCHÖNSTE STUDENTIN IST VERLIEBT

Mhmm Hmmhmmmmmm. Die schönste Studentin summt. Das hört sich gar nicht gut an, denn sie hat ein dünnes Stimmchen. Das darf ihr aber niemand sagen, denn dann wird sie wütend, regt sich auf und ihr Stimmchen purzelt in schwindelerregende Höhen. Die schönste Studentin wünscht sich einen dunklen Alt, der ihr etwas Verruchtes geben würde. Aber jetzt summt sie in sich hinein und denkt nicht über ihre Stimme nach. Denn: Sie ist verliebt.

Das kam so: Neulich hatte sie sich in der Uni verlaufen und war in der Bibliothek gelandet, obwohl sie eigentlich in die Mensa wollte. Egal, dachte sie, ob sie nun an der Essens- oder an der Bücherausgabe Schlange steht. Schließlich sagt der Student, der von sich behauptet der letzte linke zu sein, immer, dass Bildung genauso wichtig ist wie Essen und Trinken.

Also wartete sie brav, bis sie an der Reihe war. Da saß ein gut aussehender Student an der Ausgabe und lächelte. Sie lächelte zurück. Ihr Lächeln ist sehr charmant, damit erreicht sie immer alles, sagt ihr Vater. Nach einer Weile fragte der junge Mann, was sie wolle. Ein Buch natürlich. Was für eine dumme Frage! Sicher war er ganz verwirrt, ob ihres Lächelns. Dann müsse sie ihm das Buch geben, damit sie es ausleihen kann. Da musste die schönste Studentin wirklich sehr lachen, denn schließlich war sie ja nur zufällig in der Bibliothek und hatte gar kein Buch dabei.

Diese Studenten sind manchmal doch recht eigenartig, denkt die schönste Studentin, während sie summend ihr Spiegelbild an-lächelt. Wieso sollte sie ihre eigenen Bücher ausleihen? Aber der junge Mann hat ihr trotzdem gefallen. Seitdem lacht er immer, wenn sie ihn in der Uni sieht und tuschelt mit seinem Freund.

Morgen nimmt sie ihr 5-Freunde-Buch mit, damit sie es in der Bibliothek bei dem jungen Mann ausleihen kann.

DIE SCHÖNSTE STUDENTIN MACHT POLITIK

Die schönste Studentin hat es satt immer nur schön zu sein. Schön sein kann jeder, denkt sie, wozu gibt es schließlich Cremes und Make-up. Außerdem ist Schönheit relativ. Ein Mann, von dem alle behaupten, dass er sehr klug gewesen ist, hat das gesagt. Alles ist relativ.

Doch, fragt sie sich, was es außer der Schönheitspflege sonst noch für Dinge im Leben geben kann, die wichtig sind und Spaß machen. Der Student, der von sich behauptet der letzte linke zu sein, hat immer von politischen Veränderungen zu ihr gesprochen und alles mit einem Zitat von einem gewissen Herrn Marx verziert. Aber so wie dieser Student aussieht und nach dem Photo dessen, den er immer zitiert zu urteilen, scheint das Nachdenken über politische Veränderungen viele Sorgen zu bereiten. Und Sorgen führen zu Falten, das hat ihre Mutter schon gewusst. Die hat die Sorgen immer ihrem Mann, dem Vater der schönsten Studentin, überlassen.

Die schönste Studentin feilt sich die Nägel und denkt nach. Auch Revolutionäre müssen sich fortpflanzen. Revolutionäre brauchen Frauen, auch als Muse. Das weiß schließlich jedes Kind! Musen sollten schön sein, damit der Revolutionär sich nicht zu all dem Ärger über die politischen Veränderungen noch über das schlechte Aussehen seiner Muse ärgern muss.

Die schönste Studentin ist beruhigt. Also kann ihre Schönheit zur politischen Veränderung beitragen. Allerdings muss der Revolutionär, dem sie sich gerne als Muse zur Verfügung stellen will, etwas besser aussehen als dieser letzte linke Student. Aber zum Glück gibt es da an der Uni ja noch eine Vereinigung junger Männer, die für ihre geselligen Abende immer Frauen sucht. Das ist nur einmal im Monat und kostet nicht so viel Zeit.

BESINNUNGSAUFSATZ

Jochen Möller

Im Frühjahr 1978 nahm mich mein Vater bei der Hand. Wir sollten doch mal die Einweihung der Endstation sehen gehen. Wenn ich mich recht erinnere, fuhr da einfach eine schützenfestmäßig geschmückte Straßenbahn vor. Es gab immerhin ein für Milser Verhältnisse großes Gedränge, Leute aus Brake und Altenhagen mussten da sein. Und es gab „Freibier", da bin ich mir noch ziemlich sicher. Eine traute Gemeinde aus drei Vororten begoss, dass Milse nun Endhalt der Linie 2 war. Später sann ich manchmal in der leeren Bahn ab „Rabenhof" nach, wen da die Raben fraßen, und warum ein mit Wohnblöcken zugestellter Ort „Baumheide" hieß. „Milse ist Emils slime", dachte ich dann.

„Bie-le-feld! Bie-le-feld!" Dieser Schlachtruf für eine anerkannte Fahrstuhlmannschaft hat sich in mein Hirn gefräst. Der Ruf konnte irre hochbrausen, wenn ein Tor gefallen war und nur noch offen schien, ob die Welt sich links- oder rechts um die Sparrenburg drehte. Oft war es allerdings nur Trotzgeschrei und klang wie „Büüüü-lö-fällt!" Ich kann mich an kaum ein Spiel erinnern, bei dem nicht hinterher unter dem Krachen zertretener Plastikbecher verbittertes Murmeln zu hören war – geredet wurde vom nun wirklich letzten Mal, dass man sich so was antue. Trost war dann, wenn sie im Radio den „Hexenkessel" der „Alm" lobten. Beeindruckend war der Pfeifer von Block 8. Jeder kannte ihn, denn sein schrilles, zunächst langgezogen abfallendes Pfeifen, das in ein „Tsitsi-pü-tsitsi-pü"-Trillern mündete, drang noch in jede Konferenzschaltung. Hörte ich sein Pfeifen abends gar in der

77

Sportschau, stellte ich mir vor, wie er jetzt zufrieden dem Fernseher zuprostete. Wie der Pfeifer mieden auch meine Eltern den Fanblock. Da, wo wir hingingen, irritierte die Leute am ehesten meine schwärmerische Schwester, indem sie erst jahrelang bei jedem Spiel lautstark auf die Einwechslung von „Stolper-Harry" (Ellbracht) drang, und dann, nachdem Harry den Verein gewechselt hatte, nur noch zu 1860 München hielt.

Ostwestfalen ist blitzsauber, was Einheimische nicht mal merken. Obgleich Helfer bei einer Viehzählung Mitte der 80er – Fazit: Milse hält weiterhin die Hühnerzucht in Ehren – kann ich mich kaum auf Gerüche besinnen, außer Misthaufengestank bei den wenigen Bauern, die ihr Land nicht an Haushälftenbauer gaben. Es gab auch den sengenden Duft des Einschweißbrenners bei Cornelsen. Jeden Sommer zog ich dort mit dem Handkarren durchs Lager und stellte Schulbücher zusammen. „Einschrumpfen" nannten sie den Vorgang, bei dem ein Plastikverhüterli über Buchtürme gestülpt wurde, die dann mit einer Art Flammenwerfer an die Palette gepappt wurden. „Achtung, ich schrumpfe!" hieß es da öfter.

Ende der 80er veränderte sich meine Jugendkrippe, das PC 69. Mehr und mehr marschierte dort Dance Music ein, und bald standen statt tiefschwarzer Sisters oder kitschlederner Mission nun Gruppen wie De La Soul auf der Bühne. Die wussten meist nicht mal, wo sie spielten, ließen uns aber mit einem 50-Minuten-Witz von Auftritt spüren, dass dies keine wichtige Stadt sein konnte. Der bunter werdende Mix an Samstagen und Mittwochen sorgte für Drängelwechsel auf der Tanzfläche. Mancher hetzte von der Empore los, um nicht plötzlich auffunkelnde Klassiker wie „Headhunter" zu verpassen, und stieß dann auf der Treppe mit genervt flüchtenden Jeansjackenpoppern zusammen. Hattest du deinen Platz erobert, spürtest du in der Tanzmasse bei allem Andrang immer auch Abstand. Durch diese Coolness pflügten

Waver, die du außerhalb des PC höchstens beim Griechen neben-an treffen konntest. Mir gefiel am besten die sagenumwobene Riesenfrau mit dem Vogelnest aus nachtfarbenen Haar.

Damals ertrug mich unter anderem ein nettes Mädchen aus Frunse, heute Bischkek. Sie hatte sich mit ihrer Familie von Kirgistan aus gen Baumheide aufgemacht. Weil sie viel rauchte, schmeckten ihre Küsse irgendwie immer nach großer Weite. Übernachtete ich bei ihr, lag ich mit dem Rücken zu einer Weltkarte. Und begann andere Orte zu erahnen.

OPFER, GEGNER

Andreas Rüttenauer

Zum Hausmeister ist keiner gerne hingegangen. Er war ein Hausmeister, wie man sich einen Hausmeister bisweilen vorstellt. Ein Arschloch eben, Hausmeister eben. Warum tut er sich das bloß an? Ein Schulhausmeister, der keine Kinder leiden kann. Öffentlicher Dienst und ÖTV. Es gab sicher einen Grund, warum er es getan hat. Auch die Lehrer haben nicht mit ihm geredet. Im Keller saß einer, mit dem hat er gesoffen. Es war der Heizer. Schon lange mussten keine Kohlen mehr geschippt werden, einen Heizer aber hatte die Schule immer noch. Öffentlicher Dienst und ÖTV. Es wird schon einen Grund gegeben haben. Die Schule war alt, der Keller dunkel. Auch der Raum, in dem die zwei gesoffen haben, war nicht schön.

Die Eltern wussten nichts von den Gerüchten. Sie dachten anders als einige der Kommentatoren in den Medien. Für die war klar, dass er der Täter war. Ein Unsympath aus schlechtem Elternhaus. Ein kleines Licht, das sich für Superhirn hält. Der arme junge Mann! Wie kann man so etwas nur tun? Wie der mit so etwas nur leben kann? Kein Herz und ein Gewissen hat er auch nicht. Beide Oberschenkelhälse durch, und auch die Lendenwirbel waren gebrochen. Die Eltern waren immer gegen Fernsehen. Die Mondlandung der Amis haben sie vom Fernsehschirm der Tante abfotografiert. Und für Olympia in München haben sie die Kiste von einer Nachbarin geborgt. Doch irgendwann, da ging es nicht mehr ohne. Jetzt sehen sie den armen jungen Mann, den Krüppel, fast täglich über ihren Bildschirm humpeln. Das ist doch schlimmer als ein Mord! Der Mann gehört doch weggesperrt und früher hätte man das ganze sowieso ganz anders noch gelöst. Wie der schon heißt! Von wegen Deutsch, der ist doch höchstens Beutedeutscher. Tschusch bleibt Tschusch. Der soll dahin, wo seine Eltern hergekommen sind, nach Jugoslawien.

Friedensbewegung, Wackersdorf, Transparente hingen aus den Klassenzimmern. Irgendein Arschloch kam jede Woche mit Werbematerial für eine Sekte namens Schülerunion. Franz-Josef Strauß war noch kein toter Mann. Auch die, die Hirtentaschen trugen und mit Wildlederentenschuhen über die Gänge schlichen, steckten sich die Sektenwerbung ein. Der Mathelehrer trug den grünen Lodenhut, Modell Partei. Und ein etwas dicker, blonder junger Mann hatte auf jedem seiner Hefte eine rote Nelke kleben. Wäre er nicht Versicherungsmakler geworden, er wäre heute vielleicht der deutsche Michael Moore. Deutsch Leistungskurs, immer volle Punktzahl und Radikalsozialdemokrat. Legendär sein alter Sticker, den er von seinem Working-Class-Papa bekommen hat: Arbeiter für Helmut Schmidt. Montags kam er immer mit dem neuen Spiegel. Flick und Neue Heimat. Er wusste immer ganz genau, was in der Republik gelaufen ist. Knastaufstand in Straubing. Der Typ, der ist die volle Härte. Der Unsympath, er saß in Niederbayern in der JVA. Für den blonden Spiegelleser war er ein Superstar. Robin Hood, weil er von einem, der nun wirklich zu viel hatte, genommen hat, um auch etwas vom großen Kuchen abzukriegen. Jetzt war er auch noch Knastrevolutionär, aber eben auch nicht ganz. Er hielt das System für dumm, bäumte sich ein wenig auf, und war doch nicht RAF. Der mit der roten Nelke war der einzige, der sich in den Keller traute. Er fand ihn geil, den Hausmeister, und außerdem war er ein Meisterschnorrer. Freitag nach der letzten Stunde saß er mit den zwei unbeliebten Männern im Keller hinter einer Flasche Bier.

Immer wenn die Tat sich jährte oder der Prozess, dann schrieben die Justizexperten über diesen einen Fall. Man wusste nicht, ob der, der einsaß, hätte verurteilt werden dürfen. An seine Unschuld glaubte trotz der miesen Indizien lang schon niemand mehr. Der Mann, der damals in der Kiste saß, wurde bei den Verbrechensjubiläen aufgesucht. In Bielefeld. Nie redete er von der Untat, von der Kiste, in die man ihn gesteckt hatte. Wenn er schrie bekam er einen Stromstoß. Einmal fiel eine Tür ganz laut ins Schloss. Daher die vielen Knochenbrüche. Auch an Klingeln kann er sich erinnern. Ziemlich regelmäßig. Im Prozess hat er gesagt, er sei sich sicher, dass er in seiner Kiste in der Nähe einer Schule saß. Immer wenn der Mann nichts sagte, wenn man ihn nach seiner Kiste fragte, hieß es, der Mann lebt ganz zurückgezogen. In Bielefeld. Aus dem Opfer ist inzwischen ein Industrieller geworden. Ganz der Papa und der Opa. An die Kiste kann sich kaum noch einer erinnern. Nur wenige müssen noch immer weinen, wenn sie Galapudding in die Milch verrühren.

Die Eltern dachten anders als der Sohn. Die Mutter war zwar Fußballfan, doch sie hielt zum falschen Club. Der Sohn war 60er und träumt noch heute von der Fahrt mit seinem Vater an den Main. Denn Bielefeld, das lag für ihn in Frankfurt. Er war acht und fuhr mit 20 000 anderen ins Waldstadion, um seine Löwen anzufeuern. Entscheidungsspiel zum Aufstieg in die Bundesliga gegen die Mannschaft aus der Stadt des Mannes, der kurz zuvor für mehr als 20 Millionen Lösegeld aus seiner Kiste steigen durfte. Bielefeld. Ort der Opfer, Ort der Gegner.

Der Hausmeister erzählte irgendwann der Nelke, dass er es auch nicht immer leicht gehabt hat. Doch ob er wirklich mitgemacht hat, das blieb offen. Er wurde stundenlang verhört. Er war ein Freund des Täters. Einer der wenigen, die er noch hatte. Die Nelke brachte nicht viel mehr aus seinem Bierversorger raus, als dass er in Verdacht gewesen war, dem Täter die Schule aufgesperrt zu haben. Niemand wusste nichts Genaues. Doch alle ahnten irgendetwas. Das machte ihn unheimlich. Und er gefiel sich in der Rolle des Verbrecherkumpels. Das Lösegeld blieb lange Zeit verschwunden. Der Familie aus Bielefeld tat es nicht weh. Scheiß-Kapitalisten. Die rote Nelke stieß mit Heizer und Hausmeister auf den Coup des Inhaftierten an.

Die Mauer fiel und seine Freundin, die seine erste Ostbraut war, erzählte ihm von ihrem Aufenthalt in Bielefeld. Da war er wieder, dieser Ort. Es sei so schön gewesen in der Stadt, berichtete die Freundin. Es gebe einen großen Platz, der sei schön herausgeputzt. Und von den vielen Türken hat sie noch erzählt, die sie gesehen hat. Eine große Wochenzeitung schrieb von der unterschätzten Großstadt. Ein Buch des Täters, in dem er erstmals seine Schuld bekennt, erscheint, und seine Mutter schwört noch immer auf Gala Schokolade.

Irgendwann war er das erste Mal in Bielefeld. Ein Mann mit Krücken kam nicht gut voran. Stadt der Opfer. Ein Schild weist Fans den Weg zum Stadion. Stadt der Gegner. Er war nur ein paar Stunden in der Stadt. Eigentlich ist ihm nichts aufgefallen.

Das Vierkindergrab in Bielefeld:

WÄHRENDDESSEN IM 'KARTOFFELHAUS' BIELEFELD: FRAU BÜRENKEMPER, FRAU MÜTHERTHIES, FRAU KRAMPEN-NAGEL UND FRAU ELLERBROCK TRINKEN MINERALWASSER.

DAS SIND DIE RELATIV NEUEN MINERALWASSERFLASCHEN VON LUIGI COLANI.

ACH VON DEM DESIGNER.

DER ENTWIRFT SONST AUCH TOILETTEN UND SOWAS.

DER HAT DOCH AUCH MAL DEN GELD-AUTOMATEN DA HINTEN ENTWORFEN.

UND JETZT MACHT ER FLASCHEN FÜR CAROLINEN BRUNNEN.

ACH JA, CAROLINEN BRUNNEN. DIE STELLEN JA AUCH DIESE WIDERWÄRTIGE MULTIVITAMIN-BRAUSE HER...

...DIE MAN IMMER AUF BAHNHÖFEN TRINKEN MUSS. UND DIESES ROTE LABBERZEUG AUCH.*

DAS IST NICHTS WORAUF BIELEFELD STOLZ SEIN SOLLTE.

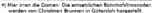

*) Hier irren die Damen: Die entsetzlichen Bahnhofslimonaden werden von Christinen Brunnen in Gütersloh hergestellt.

ALPECIN IST SCHON BESSER. BESONDERS DER NEUE HAIR ENERGIZER.

JA, MEIN SOHN WIRD OBENRUM AUCH SCHON EIN BISSCHEN SCHÜTTER-DER SCHWÖRT DA AUCH DRAUF.

MEIN SOHN IST AUCH NICHT MEHR DAS NEUESTE MODELL.

MEIN SOHN SAGT IMMER: MUTTI FÜHL DOCH MAL, MEIN HAAR IST DOCH DEUTLICH KRÄFTIGER GEWORDEN.

Ja, wir Mütter von Söhnen, deren Haar ab 30 doch deutlich dünner wird, freuen uns über den Alpecin Hair Energizer!

EINE FLASCHE KOSTET 9 MARK 99.

DIE ALPECIN-FLASCHE IST ABER HÜBSCH. VIEL HÜBSCHER ALS DIESE ALBERNE COLANI-MINERALWASSER-FLASCHE.

WER EIN ZIMMER IM MÖVENPICK HOTEL BIELEFELD MIETET, FINDET IM BAD EINE GRATISPROBE VOR.

DAS HÄSSLICHE FOYER VOM MÖVENPICK IST AUCH NICHTS WORAUF BIELEFELD STOLZ SEIN SOLLTE.

Toiletten

ZUMAL WIR JA HÄUFIG AUCH STAATSBESUCH HABEN. DA MUSS MAN SICH JA SCHÄMEN MIT SO EINER POPELIGEN HALLE.

DIE SIEHT JA AUS WIE SO'N ABGEWETZTER INTERREGIO.

RAUCHER-WAGEN!

DIE PROMINENTEN SOLLTEN SICH LIEBER MAL DAS VIERKINDERGRAB ANGUCKEN.

SIE MEINEN DAS 'VIERLINGSGRAB' AUF DEM 'ALTEN FRIEDHOF'.

MAN SOLLTE LIEBER VIER-KINDERGRAB SAGEN, DENN DAS WAREN ZWAR GESCHWISTER, ABER KEINE VIERLINGE.

ZAHNKRÄMPFE?

JA, KARL STARB 1868 MIT ACHT MONATEN AN EINEM HERZ-FEHLER, HEINRICH STARB 1869 MIT ZEHN MONATEN AN ZAHNKRÄMPFEN, CHRISTIAN STARB 1870 MIT FÜNF JAHREN AN DIPHTERIE, GUSTAV STARB 1871 MIT FÜNF MONATEN AN KEUCHHUSTEN.

NUNJA, SO SAGTE ES JEDENFALLS IM JAHRE 1957 DIE LETZTE ÜBERLEBENDE SCHWESTER IN EINEM INTERVIEW.

1957? DANN MUSS DIE JA 100 JAHRE ALT GEWESEN SEIN! EIN WÜRDIGES ALTER.

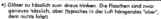

*) Gläser zu hässlich zum draus trinken. Die Flaschen sind zwar genauso hässlich, aber (typisches in der Luft hängendes "aber", dem nichts folgt)

AUF DEM 'ALTEN FRIEDHOF' HERRSCHT DAGEGEN LEIDER ÜBERHAUPT KEINE WÜRDE MEHR. DA ZELTEN JETZT DIE ALKOHOLIKER. ABER FÜR ORDNUNGSWIDRIGKEITEN AUF FRIEDHÖFEN GIBT ES KEINEN BUSS-GELDKATALOG. DA KÖNNTE MAN 'NE WALZE PARKEN UND KRIEGT KEIN KNÖLLCHEN.

WAS IST EIN KNÖLLCHEN VERGLICHEN MIT ZAHNKRÄMPFEN?

DIE JOHANNISLUST

Luka Skywalker

Für Rio Reiser

... wir sind geboren, um frei zu sein...

'72 Ulrike Meinhof, Gudrun Ensslin, Andreas Baader, Holger Meins und Jan Carl Raspe verhaftet – Till Meyer leistet sich eine wilde Schiesserei mit der Bielefelder Polizei – Angela Davis wird in den USA nach langer Haft von der Mordanklage freigesprochen – Die palästinensische Organisation „Schwarzer September" nimmt Mitglieder der israelischen Olympiamannschaft als Geiseln. Alle kommen dabei ums Leben – Die Band Ton Steine Scherben bringt ihre erste Platte „Keine Macht für Niemand" heraus – '73 Horkheimer stirbt im Juli – der Yom Kippur-Krieg löst die große Ölkrise aus, es ist die Zeit der autofreien Sonntage – das AJZ in Bielefeld wird besetzt – '74 die Flying Lesbians treten auf dem ersten Frauenrockband-Festival in Berlin auf – die „Trimm dich"-Welle nimmt ihren Lauf, die „AKW Nee"-Bewegung auch – Holger Meins stirbt nach wochenlangem Hungerstreik im Knast –

Nachdem ich im Frühjahr auf ein CVJM Zeltlager verschickt wurde – das sind die, wo viel gebetet und gesungen wird und wo es Milchsuppe zum Frühstück gibt –, werde ich elfjährig mit meinen ersten Hippies konfrontiert, und bin rechtschaffend schockiert.

'75 Peter Lorenz wird von der Bewegung 2.Juni entführt. Dadurch werden 5 Freilassungen erpresst, ein weiterer Versuch, durch die Besetzung der Stockholmer Botschaft, Gefangene freizupressen, misslingt – Die Bewegung 2. Juni organisiert Geld in Banken und verteilt dabei Schokoküsse – '76 Ulrike Meinhof wird erhängt in ihrer Zelle in Stammheim aufgefunden – Gabrielle Rollnik, Juliane Plambeck und Monika Berberich büchsen aus dem Berliner Frauengefängnis aus –

Mein Paradies nimmt ein jähes Ende, als meine Mutter beschließt, wieder spießig zu werden, die Gründe dafür sind mir bis heute schleierhaft.

'77 Schleyer-Entführung, Entebbe, Mogadischu, Mordnacht in Stammheim. Baader, Ensslin und Raspe werden tot aufgefunden, Irmgard Möller überlebt schwer verletzt –

... der lange Weg, der vor uns liegt, führt Schritt für Schritt ins Paradies...

Doch zurück zu den Ereignissen im Sommer 1974. Ich kann mich noch sehr genau an meine erste Begegnung mit den Johannislust Hippies erinnern.

Meine Mutter hatte sich damals in einen Villenbewohner auf dem Johannisberg verguckt. Villen gab es auf diesem Berg mitten in Bielefeld viele, manche gepflegt, andere eher verwunschen. Die Johannislust, ein altes Ausflugslokal, war wohl nach der Nazizeit vergessen worden und von einem jungen aufstrebenden Guru namens Rainer Treder wiederentdeckt worden. Auf ihren Streifzügen durch den Wald, bewaffnet mit Aquarellfarben und Pastellkreiden, muss meine Mutter diesen verrückten Ort entdeckt und sich sofort unsterblich verliebt haben. Der junge Villenbewohner war schnell vergessen, und schon wurde ich für einen ersten Testlauf an diesen Ort verschleppt – meine Mutter war infiziert, Treder war jetzt ihr Begehr und sie wollte um jeden Preis dort hinziehen.

So fuhren wir dann den Berg hoch. Ich dachte noch, was für eine schöne und feine Gegend, und schon bogen wir in die Einfahrt der Johannislust ein. Was ich sah, waren ein großer Haufen altes Bauholz, ein verrosteter Opel Kapitän, eine wunderlich aussehende Hütte links im Gebüsch, an der rechen

Hauswand einen langen Holztisch, mit gammeligen Milchtüten, vollen Aschenbechern, zwei oder drei Flaschen Herforder Pils und ein halbgegessenes, schon arg schwitzendes Salamibrötchen. Ein splitternacktes Pärchen stand neben dem Tisch und beachtete uns kaum, vielmehr streichelten sie sich für meinen Geschmack ein wenig zu intensiv und gingen wenig später ins Haus. In circa 50 Metern Entfernung sah ich einen Waldschrat, mit verlotterten langen Haaren und langem Bart auf uns zukommen: „Das ist Rainer, ich hab dir von ihm erzählt!" strahlte meine Mutter mich an. Ich muss sie angeguckt haben wie ein Auto und dabei ungefähr 300 Fragezeichen auf sie abgeschossen haben. „Stell dich nicht so an und guck dich doch erst mal um!" antwortete sie. Was blieb mir also anderes übrig als hinter ihr herzutrotten, und dabei zu beobachten wie sie mit diesem Catweazle flirtete, der beifuss einen grauen Wolfspitz hatte, der extrem gefährlich kläffte und sich auch gar nicht so recht beruhigen mochte. Wahrscheinlich hat dieser kleine Köter, Heini war sein Name – später stellte der sich noch als einer der coolsten Hunde auf diesem Planeten raus, schließlich konnte er seine Freundin im entfernt gelegenen Stadtteil eigenständig per Straßenbahn besuchen und welcher Hund kann das schon? – wahrscheinlich hat also dieser kleine Köter gerochen, das ich mir fast in die Hosen machte, weil ich meine Mutter, meine einzigste Bezugsperson für verloren hielt. Meine Welt wackelte, vor kurzem noch der gemeinsame CVJM-Betkreis morgens um 6 Uhr in einem Armeisenhaufen irgendwo im Harz, und dann so was!!!

Später auf dem Heimweg habe ich sie mit all meinen erlernten moralischen Vorstellungen zusammengestaucht. Dabei werde ich sie notgedrungener Weise auch mit ihrer eigenen Moral konfrontiert haben. Jedenfalls wurde erstmal nicht mehr über das Thema gesprochen.

Natürlich war die Sache nicht vom Tisch, bei ihr genauso wenig wie bei mir. Sie fuhr heimlich auf die Johannislust, und für mich wurde ein Masterplan entwickelt!

...ich hab geträumt, der Winter wär vorbei....

Beim zweiten Besuch wurde ich wie eine Prinzessin behandelt. Man führte mich herum und machte mir alles schmackhaft. Es war ja auch wunderschön dort oben. In einer riesigen Ulme hing eine Schaukel, mit der man irre weit und vor allem hoch schaukeln konnte. Etwas weiter vom Haus entfernt war eine Waldbühne, auf der regelmäßig Bands spielten. Niemand lief mehr nackt herum – was wohl auch ein wenig an dem Wetter lag, es wurde nämlich langsam Herbst – außerdem kamen mir die Leute so angenehm unerwachsen vor, oder vielleicht behandelten sie mich eher wie eine Erwachsene? Sogar Wilhelm, der Penner, der eigentlich nur dafür zuständig war, das Wasser in den Badewannen im Garten anzuheizen, so das alle baden konnten, wenn sie Lust dazu verspürten, war nett zu mir, und er erklärte mir, wie schön es sei, wenn man sich im Winter die Schneeflocken aufs Gesicht fallen lassen konnte, während man im warmen Wasser lag oder vergleichbares in Vollmondnächten im Sommer. Unten im Erdgeschoss des Hauses war die riesige Küche, in der für alle 20-30 Personen gekocht wurde und noch ein Raum in dem der große Esstisch stand. Die Treppe hoch, führte direkt in den Gastraum, mit Panoramablick über Bielefeld und auf die Terrasse. Noch mal eine Treppe weiter rauf waren die Schlafräume, oder vielmehr der eine Schlafraum für alle. Das schreckte mich schon wieder ein bisschen ab, doch man sicherte mir sofort ein eigenes Kabuff zu, was ich dann später auch, zumindest zeitweise bekam. Es war zwar nur die gemeinsame Kleiderkammer unter einer Dachschräge, aber es war mein Reich, und es hatte eine Tür.

Bei unserem nächsten Besuch sind wir dann Abends ein bisschen länger geblieben. Es spielte irgendeine Freejazz-Combo und so was wie Embryo oder so, auf jeden Fall irgendwas bekanntes. Die Leute wurden immer mehr und wälzten sich den Berg herauf, bevölkerten das Gelände und die Zuschauerbänke vor der Bühne. Es muss ein lauer Spätsommerabend gewesen sein. Auf jeden Fall war die Laune bei allen auf dem Höchstpunkt, welche Drogen sonst noch im Spiel waren, kann ich nicht sagen, aber für mich wars das Paradies. Alle spielten mit mir und kümmerten sich um mich. Der Abend endete so, das mich meine Mutter, unter Protest aus dem barfuss tanzenden Mob vor der Bühne rausziehen und ins Auto schleppen musste. Da wussten wir, das wir beide gewonnen hatten und es jetzt kein Zurück mehr gab. Wenig später zogen wir auf die Johannislust.

Ich lebte mich schnell bei den Hippies ein und fühlte mich wie ein Fisch im Wasser. Ich hatte immer Leute, die ich mit meinen neugierigen Fragen löchern konnte und war zugleich herrlich unbeobachtet. Es gab keine erhobenen Zeigefinger. Es war so wie endlich nach Hause kommen. Ich war jetzt nicht mehr falsch, sondern vollkommen richtig und natürlich – kein Fremdkörper mehr. Ich kam auch relativ schnell mit dem freien sexuellen Umgang und der Nacktheit klar. Schon im nächsten Sommer war das alles ein alter Hut für mich und ich tastete mich auf meine Art an die Sache heran.

Peter Bollermann zum Beispiel, der arme Mann hieß wirklich so, hatte einen sehr großen Penis. Ich konnte dieser Tage das eine oder andere Gespräch darüber belauschen, ob dieses Ding praktikabel sei oder nicht. Carola, ohnehin schon als Nymphomanin verschrien, weil sie oben im Gemeinschaftsschlafraum immer so lange und lustvoll stöhnte, und dabei den anderen den Schlaf raubte, wurde als heiße Kandidatin gehandelt. Ich hatte allerdings ein anderes Spiel mit ihm im Sinn, und das ging so. Immer wenn Boller splitterfasernackt und total entspannt auf der Bank vor dem Haus saß, stellte sich schon mal eine vollkommen unschuldige Wohlfühlhalberektion ein, die dann immer wieder ganz prima von mir – mit spitzen Fingern versteht sich – nach unten gedrückt werden konnte, nur um fasziniert festzustellen, dass dieses Ding immer wieder von selber hochkam. Ich konnte dieses Spiel stundenlang spielen und mich dabei beömmeln, was natürlich auch zur Belustigung der anderen beitrug! Ich hab mir gar nichts Böses dabei gedacht, vielmehr dachte ich an diese Reflexe, die der Hausarzt am Knie abklopft, oder als wenn ein unsichtbares Männchen den harten Job hat, diesen schweren Eumel immer wieder hochzukurbeln, nachdem ich ihn gemeinerweise heruntergedrückt hatte, so eher.

Meine erste sexuelle Erfahrung mit einer anderen Person hab ich mit dem damals 10-jährigen Sohn von Jutta und Mike gemacht. Ich weiß nicht mehr wie er hieß, aber an seinen Pimmel kann ich mich noch genau erinnern. Er war ungefähr so dick wie mein Daumen jetzt, und 10-12 Zentimeter lang, und er konnte ihn eineinhalbmal um den Finger wickeln. Eines schönen Sommernachmittags hab ich ihn überreden können, mir oben auf dem Hochbett, da wo nachts immer die wilden Orgien abgingen, zu zeigen wie seine Eltern ES machten. Er legte sich stocksteif auf mich drauf und wippte immer rauf und runter. Ich fands ganz angenehm, aber mein Wissendurst war dann auch fürs erste gestillt.

...gib mir deine Liebe, gib mir deine Hand...

Ebenso unschuldig, aber dafür umso romantischer war meine Affäre mit meinem persischen Schulkameraden, mit dem ich mich küsste und der mir Gold versprach. Er stürzte sich, nachdem ich mit ihm Schluss gemacht hatte, weil er mich mit seinen Heiratsabsichten nervte, auf dem Weg den Berg runter, offensichtlich vor meinen Augen, ganz dramatisch in die Leitplanken und blieb dort liegen, als wenn er bewusstlos wäre. Ich hab gesehen wie er schrecklich verkrümmt dalag und hab mir vorgestellt, wie er ein Auge offen hielt um zu gucken, ob ich gucke. Ich habe mich dann aus seinem Gesichtsfeld entfernt, nur um wenig später feststellen zu müssen, das er, offensichtlich wundersam genesen, den Heimweg angetreten hatte. Mit dieser Geschichte heimste ich später rauschenden Beifall bei allen anwesenden Frauen ein.

...der Traum ist aus....

Knapp 2 Jahre später fingen meine Mutter und mein Stiefvater an – Treder war schon lange nicht mehr aktuell – in der Umgebung herumzufahren und sich nach einem kleinen Kotten umzusehen. Ich beobachtete das mit wachsender Furcht. Schließlich fanden sie in dem alten Heimatdorf meiner Mutter ein total verfallenes Haus. Dieser ja noch einigermaßen spaßige Aspekt des ganzen – wir mussten unser Wasser mit Eimern aus dem Brunnen holen, und ein Plumpsklo hatten wir, selbstredend! – wurde leider durch das Bestreben meiner Mutter zunichte gemacht, sich voll und ganz in die Dorfgemeinschaft zu integrieren. Das ging sogar soweit, dass sie sich einen Faltenrock anzog, bevor sie Backpulver aus dem Edeka-Geschäft holte – gleiches verlangte sie von mir – und geheiratet werden musste natürlich auch. Das diese erneute Veränderung in meinem Leben noch mal so krass und einschneidend werden sollte, ahnte ich zum Glück nicht. Sonst wär ich sicher schon mit 13 von zu Hause abgehauen. Aber die Saat war angelegt und 3 Jahre später ging sie auf. Ich drohte meinem Stiefvater Prügel an und zog aus. Ich suchte mir eine kleine Wohnung in Bielefeld hinter der Uni an der Wertherstrasse. Mein erster Ausflug führte mich auf die Johannislust, aber niemand von den alten Leuten war mehr da. Dafür gabs John Peel aus meinem Radiorecorder und den Spindelbrunnen in der Innenstadt, wo sich die ersten Punks von Bielefeld trafen, aber das ist wieder eine andere Geschichte.

Der Band Ton Steine Scherben, die zwar nie auf der Waldbühne gespielt haben, aber in dieser Zeit so was wie das Wort zum

Sonntag waren, hab ich nie abgeschworen. Das hat mir zwar ordentlich Ärger bei den Punks eingebracht, doch das war mir scheißegal. Noch immer bekomme ich bei manchen Textzeilen ein flaues Gefühl im Magen, es ist eine Mischung aus sich wohl fühlen, verliebt sein, Aufbruchstimmung, Revolution und dem Gefühl, das die Welt zwar falsch, ich aber schon irgendwie richtig bin. Diese Band und die kurze Zeit auf der Johannislust sind schuld daran, das aus mir ein aufmüpfiges, kämpferisches und freiheitsliebendes Wesen geworden ist. Dafür verzeih ich den Hippies auch gerne, das sie mir immer meinen Kodeinhustensaft ausgetrunken haben..

BIELEFELDER TAGEBUCH 1990-95
(KOMMENTIERTE AUSZÜGE)

Michael Baute

1990

1.1. – Casa[1]. Gegen 0:30 Uhr Auftritt von Klaus[2], beide Hände erhoben, „Das Böse ist in der Welt" Dann Anstimmen von Hüsker Dü, Dylan und Costello Liedern. Blaue Ratte[3] (Rainers[4] Armbruch), Falkendom.

4.1. - Bernd[5] depressiv + betrunken - „Alles Schweine Alles Scheiße" Bernd will Schweinkerl genannt werden

6.1. - M[6] verbringt Sylvester entgegen eigener Aussage („Party! Wittekindstraße! war gut!") allein zuhause („war nicht gut")

---

[1] Das Casa war eine Gaststätte in der Bielefelder Innenstadt. Eine Zeitlang trafen wir uns dort häufig. Wir tranken dort und hörten Musik. Der Boden war weißgekachelt.

[2] Klaus sah ich das letzte Mal auf einem Foto, das an einem Badezimmerspiegel in Berlin angebracht war. Das Foto zeigte ihn mit seinem einjährigen Kind. Das ist aber auch schon eine Weile her.

3 Die Blaue Ratte war eine Gaststätte in der Bielefelder Innenstadt, damals war sie neu und hieß eigentlich the blue rat.

[4] Rainer war ein Kellner in der Gaststätte blue rat. Er war groß und hatte kurze Haare. Später wurde er Sportler.

[5] Bernd ist großgewachsen. Damals konnte er Costello-Lyrics auswendig. In seinem Zimmer gab es einen Stapel mit der Reclamausgabe von Blaise Pascals Gedanken. Jedem Besucher schenkte er ein Exemplar davon.

[6] Wer M ist, weiß ich nicht. Als ich diesen Eintrag las, dachte ich, M sei Martin. Martin kann sich aber nicht mehr daran erinnern. Ich weiß heute nicht mehr, wer M ist.

10.1. - Beschluß, Whiskey zu kaufen

11.1. - Short[7], Ratte - Plattenkäufer Short

12.1. - Oleg[8], Casa - Oleg spricht übers VERSCHLAFEN während ihm ein Zwanzigmarkschein aus der Tasche fällt. Vielleicht Nabokov lesen.

13.1. - Forum[9], Huah und Kolossale Jugend. Dann Ratte.

18.1. - Bruder auf dem Rückweg das Wort „verhärmt" erklärt. Melanie[10]. Falkendom (widerwillig). Dort Alkohol und lautes, komisch-wirres Benehmen meinerseits / Bier | Idee für RADIKALEN FILM: Mann/Frau schmeißt Bücher in den Abfall / Laut Short in Amerika gang und gäbe | betrunken nach Hause, Bett gegen 1/2 2

19.1. - Casa, dann Short, dem das Bein eingeschlafen sei. | Kopfschmerzen.

Lichtwerk[11], Straße ohne Wiederkehr von Fuller, dann Casa. Dort später an Rudy's Funhouse[12] mit Oleg (ich 1.450.000 ca.) | später Klaus/Brecht[13] | Short schlechte Laune | gegen 1/2 2 Ratte

---

[7] Short wird immer wieder auftauchen.

[8] Ich hatte eben noch mit Short telefoniert, um herauszukriegen, wer Oleg ist. Oleg hat hier viele Namen. Er lebt inzwischen in Berlin. Er hat in Werbeagenturen gearbeitet und schreibt an seiner Dissertation über Wagner.

[9] Das Forum war ein Club in Enger. Man fuhr mit dem Auto dahin von Bielefeld durch lange Alleen. Im Winter beschlugen währenddessen die Scheiben von innen.

[10] Melanie kenne ich seit meiner Schulzeit. Sie hat eine schöne Stimme. Sie sammelt Folgen der amerikanischen TV-Serie „Buffy, the Vampire Slayer". Als ich das letzte Mal in Bielefeld war, habe ich mir die Musical-Folge bei ihr angeschaut. Die war wirklich toll.

[11] Das Lichtwerk war das kommunale Kino in Bielefeld. Wir sind oft dort gewesen.

[12] Rudy's Funhouse war der Flipper im Casa. Irgendwann wurde er ausgetauscht. Danach spielten wir seltener Flipper.

[13] Brecht hat jahrelang in Bielefelder Kneipen gearbeitet. Letztlich hat er auch welche besessen. Das war aber nach meiner Zeit.

/ Wolfgang[14] Musik (von Madonna zu Van Morisson) | Short, Angela[15] | allgemeine Fröhlichkeit | im Hintergrund Klaus, der bei Dylanstücken beide Arme hebt | Rainer applaudiert gelungenen Bierdeckelauffangversuchen | Sätze abbrechen | Gestenreiche Sprache | Gegen 1/2 4 mit Angela ins PC, dort bereits Musik-Ende | As Gespräch mit Rainer | Grüße von Recki[16] | Gegen 1/2 5 zuhause | Brote | Frisell und Whiskey und Bucheintragungen | schöner wirrer Abend

20.1. - AJZ[17]-Party laut, voll, eng, elende Partyfröhlichkeit | Short faßt den vorhergehenden Abend zusammen: „Alle waren da!"

24.1. - gegen 11 Uhr widerwilliges Aufwachen wg. Aufwecken Melanies | geht gegen 13:00 | Hagelschauer | vorm Alkoholregal gestanden und nichts gekauft - abends bereut

26.1. - Blue Rat: Julia[18] kommt, sieht und lacht.

29.1. - Morgen unbedingt Whiskey kaufen

9.2. - Möglichkeit bedacht, dass der Pickel am rechten Nasenflügel eine Art ÜBER-PICKEL sei, der alle bisher nicht existenten Pickel beinhaltet

19.2. - gegen 10:00 Aufstehen, flüchtiges Duschen

22.2. - gegen 20:00 Casa, dort Abfahrt nach Detmold zum LX Chilton Konzert | Rückfahrt | Falkendom | dann Mühlenstr., dort Short, Bernd: Whiskey! Bernd erzählt betrunken Anekdoten vom letzten Sommer und weiteres | Casa laut Chris[19] = „Kneipenzen-

---

[14] Wolfgang ist nach Hamburg gezogen. Eine Zeitlang sah ich ihn, wenn er in Berlin war. Wir tranken dann Wodka zusammen, bis mir schwindlig wurde.

[15] Angela wohnte damals zusammen mit Bernd im Osten Bielefelds. Gemeinsam lasen wir Bücher von Thomas Pynchon und tranken Tee dazu.

[16] Recki ist ein bärenstarker Mann. Nachmittags saß er am Tresen und las Moby Dick.

[17] Das AJZ war das Gegenteil vom Forum, aber es war auch gut da, manchmal.

[18] Julia war für ein paar Wochen dabei. Ihre Spur verliert sich.

trale" | Klaus fange an zu malen | Short erzählt Pfefferminz-
schnapsanekdoten („Seelengetränk '89") | gegen 4:00 in Sabines[20]
Riesenbett eingeschlafen

24.2. - die ganze Zeit mit Bruders[21] Käfer gefahren, da ich kein
Benzin mehr hatte. Zu dem fand ich keinen Türschlüssel und habe
mir deshalb meinen linken Arm aufgestoßen (durchs Fenster
greifen um Tür zu öffnen), gegen 3:00 Bett

1.3. - Casa, dort die neue Zeit überfliegen und Lesen von
Bunuels „Letztem Seufzer" - und neben mir sitzen Zwei mit
imposanten Deckeln; plötzlich erhebt sich einer der beiden und
übergibt sich ohne jegliche Vorwarnung in einem großen,
ausladendem Bogen und sagt: „Oh". Dann geht er zur Theke,
verlangt (wahrscheinlich) einen Lappen, wischt das Erbrochene
auf, zündet sich eine Zigarette an und trinkt weiter an seinem Bier.

9.3. - netter Abend, aber Turnschuhe nach AJZ-Besuch vollkommen verdreckt

1.6. - „Freibiergesichter"

1.8. - Einzug Marktstr.[22]

23.8.- Beschluß, zu studieren: Literaturwissenschaft, Anglistik,
Philosophie | Diederichsen: Sexbeat, Capote: Die Grasharfe

2.11. - SAUFEN

3.11. - Versuch, zu saufen, geht aber nicht mehr so gut

[19] Chris spielte Bass, wie Mike Watt. Später wurde er Trainer einer Basketballmann-
schaft. Er war groß und blond. Er rauchte Camel ohne Filter und klopfte den Tabak
vor dem Entzünden der Zigarette an seinem Handrücken fest.

[20] Sabine ist eine große Frau. Sie hat blonde Haare. Eine Zeitlang machte sie Hüte, zu
einer anderen Zeit arbeitete sie im Casa in der Küche. Ihre Bratkartoffeln waren gut.

[21] Mein Bruder fuhr damals einen VW-Käfer, ich einen Seat Marbella. Wir hätten uns
die Autos nicht leisten können, hätten unsere Eltern die Versicherung und die Kfz-
Steuer nicht bezahlt.

[22] Die Marktstr. ist eine Straße im Zentrum von Bielefeld. Von jenem Tag an
bewohnten wir in ihr eine 100-qm-Wohnung zu dritt.

1991

10.1. - langes Schlafen | Reichelt[23] | Casa | Alkohol | Falkendom | Ratte | Alkohol | Sabine, Angela, Hüls[24], Bernd, Melanie, Klaus, Wolle und irgendwann noch Andreas[25] u. der Baron[26] | Jägermeister | Schatulle[27] | kalter Schweiß | Übelkeit | Rumpsteak | gegen 6:00 nach Hause und Kauf d. Bild-Zeitung

11.1. - Aufstehen gegen 14:00 mit Übelkeit | Arbeit | Übelkeit | Casa | Poker im Casa bis 6:00 (Chris, Brecht, Klaus) | Bier | Gimlets | Suppe

14.1. - Aufstehen gegen 1/2 9 wg. diverser Plattenkäufe | Suche nach Robert Wyatt Platten, von denen Klaus am Freitag berichtete, erfolglos, aber stattdessen zweimal Cpt. Beefheart | Abends Casa und Sabine hat sich in den Finger geschnitten | Ratte mit Brecht, Wolle, Angela, Hüls | später mit Wolle + Brecht + Hüls 17+4 in Marktstraße | verliere | gegen 7:00 Bett

16.1. - spätes Aufstehen und Arbeit | Abends zu Melanie | Casa | gegen 1/2 1 plötzlicher Auftritt von 2 Hysterikern, die ins Casa gestürmt kommen und rufen „Es ist Krieg! Macht die Musik aus!" Klaus volltrunken | Pokern bei mir bis ca 1/2 9 morgens | verliere | Brecht erzählt von einem Jochen, der auf einer Demo war, bei der

[23] Reichelt ist ein Pharmavertrieb in Brackwede. Wir arbeiteten dort an drei oder vier Nachmittagen in der Woche.

[24] Hüls hieß später auch Jay und eigentlich Michael wie ich. Mit ihm und meinem Bruder wohnte ich in der Marktstraße. Jay wohnt inzwischen auch in Berlin, nachdem er kurz in Leipzig wohnte.

[25] Andreas hatte damals immer sehr viel Wert auf seine Frisur gelegt. Später bekam er Rückenprobleme.

[26] Der Baron wurde auch Oleg genannt, s.a. Fn. 7

[27] Die Schatulle war eine Gaststätte mit Nachtlizenz in der Bielefelder Innenstadt. Man klingelte an der Tür, ein Fenster wurde geöffnet. Man wurde von innen betrachtet. Dann erst betrat man die Gaststube.

sonst nur Frauen waren, da die Männer sich bis 6 Uhr im Sam's[28] „die Kante gegeben haben" | Radiohören | Karten | Musik | Klaus, ziemlich durcheinander, erzählt Geschichten von Schleswig, Wikingern und Florenz

31.1. - Schlaf bis 20:00 | Wecken | Aufstehen und alles ist DUNKEL

5.2. - Alkohol und später Schatulle | verzweifelte Versuche, Andreas zum Kartenspielen zu überreden | Andreas möchte sich Schlitten ausleihen | später Würfelspiele, jedoch früher Abbruch wg. Unattraktivität und Uneinigkeit über Regeln | gegen 4:00 Bett

Juni - Nordpark, Café Krause. Eine steinerne Gartenlaube aus dem späten 19. Jahrhundert. Rundsäulen, drei Treppenstufen führen zu einer Empore. Dort sind einige Gartentische postiert, um sie herum Stühle mit marineblauen Polstern. Auf den Tischen jeweils ein Tischläufer, mit Fransen an beiden Längsenden. Darauf stehen rote Plastikaschenbecher mit weißem „Sparkasse"-Aufdruck. Daneben eine Karte mit farbiger Plastikumhüllung.

Vor den Stufen steht ein Mann. Er trägt einen Hut. An dem Hut ist eine Feder befestigt. Eine Taubenfeder. Polyesterhose in Graufärbung; Lederimitatweste, bräunlich. Das ist Herr Krause. Auf einem der Stühle sitzt eine Frau in einer braunen Leopardenweste. Ich schätze sie auf 60 Jahre oder mehr. Ihr Haar ist zu einer Art Turban hochgestockt. Das ist Frau Krause. Sie unterhält sich mit dem einzigen Gast. Das bin ich.

Das Fehlen von Disziplin

*

---

[28] Das Sam's war eine Diskothek in der Bielefelder Innenstadt. Später taucht sie hier noch mal auf. Ein Mann hinter der Theke trug eine amerikanische Polizeimütze auf seinem Kopf.

1992

The people who can't dance always say the music isn't good.

6.1. - „Wildspuck"

13.1. - Nouvelle Vague im Lichtwerk - Rembert[29]

21.1. - Tag ähnlich + Casa

22.1. - Lichtwerk, The Searchers | danach Schatulle mit Girke[30], Ecki[31] Rembert | Thunfischsalat (3 Salatblätter, 2 Esslöffel Mais + 1 darauf umgestülpte Dose Thunfisch)

29.1. - DIVI heißt jetzt real | Lubitschs Austernprinzessin

31.1. - Uni | Kerstin[32], Gasofen in Keller tragen | Meike[33] + Reni[34] + irgendein Kuchen | Milestones[35] | Casa | Ratte (Bier, Jägermeister, Tequila, Mesqual)

9.2. - Tipp-Kick-Turnier im Casa, Finale Chris-Oleg 14:6

11.2. - Köln, Meat Puppets, T-Shirt-Konzert

3.3. - Eckis Furcht vor dem „Michelangelo-Virus", dessen Ausbruch zum 6.3. angekündigt ist

---

[29] Rembert war an der Universität und konnte boxen. Er ist Schalkefan. Er hat mir ein paar Sachen gezeigt in der Uni.

[30] Girke ist ein Filmkritiker. In diesen Jahren sah ich ihn oft. Wenn es spät wurde, spielte er auf der Gitarre und es wurde noch später.

[31] Nachdem Ecki in Amerika gelebt hatte, konnte er tadellose Pfannkuchen backen. Diese Pfannkuchen buk er uns in den Nächten.

[32] Kerstin war Musikerin und irgendwie befreundet mit den Leuten von Alphaville. Ich verlor sie bald aus den Augen.

[33] Meike hat später einen Film über Kaffee gemacht. Sie lebt in Berlin, damals machte sie oft die Tür im Forum.

[34] Reni lebte damals schon nicht richtig in Bielefeld. Ich glaube, sie lebte in Hamburg. Sie lebte davon, ausländische Bands auf ihren Tourneen durch Deutschland zu fahren mit einem Bus.

[35] Das Milestones war eine Gaststätte an der August-Bebel-Straße. Man ging da hin, weil es nicht so weit war wie zum Casa, aber dann ging man von dort doch ins Casa.

4.4. - Boule, „tischtennisballgroßes Hämaton" unter linkem Auge

13.4. - Ratte, Short | Godard/Truffaut

26.4. - Ratte, Klaus: „Da habt ihr was Essentielles!", und schüttet Bier auf den Tisch und ascht seine Zigarette darauf ab.

10.6. - Fußball-Europameisterschaft[36]

11.9. - Dia-Show mit documenta-Aufnamen bei Ecki | Casa („Orte, Probleme, Hooligans") | Ratte und Elfenbein[37] mit Andreas („Orte, Informationen, Wangerooge")

10.10. - Souled American im Forum | Biere bei Short (Ecki, Angela, Heide[38])

12.10. - Eastwoods „Erbarmungslos" mit Girke, Ecki, Marcus[39]

24.10. - Melanie + Bernd

3.11. - Differenz und Wiederholung

19.11. - bei Heide mit Wolle, Ecki, Chris, Katrin[40] - Kinksplatten

20.11. - Byrds

25.11. - Casa mit Girke + Short, Aufstellen von Singer/Songwriter-Weltelfs

29.11. - Eine Frau unter Einfluss + End of an Ear

*

[36] in Schweden

[37] Das Elfenbein war eine Diskothek nebenan. Sie war innen weiß, daher der Name. Aber das sah man nicht im Dunkeln.

[38] Heide kam aus Frille. Manchmal sehe ich sie noch, wenn sie in Berlin ist. Sie wohnte in einer großen Wohnung am Jahnplatz. Sie kann schön lachen.

[39] Marcus lebt jetzt in Bonn. Auf der Welt war er schon fast überall zum Studieren, zuletzt hier in Berlin. Er ist sehr schlank und fährt im Rheinland Rennrad.

[40] Katrin kam kurz darauf mit Short zusammen. Sie leben jetzt in einem großen Haus mit Garten und Terasse in Bielefeld. Katrin hat Bedienungsanleitungen studiert und ihre Verfassung verbessert. Damals sah sie manchmal aus wie Gena Rowlands in Faces von John Cassavetes.

1993

Filme holen vom Bahnhof fürs AJZ-Kino[41]

9.2. - CONNECTED im Sam's. Hip Hop. House. Soul. Ab 23 Uhr

18.2. - Ankunft aus Berlin, Casa, später Martinis, Becks und House mit Short, Ecki, Heide und Verena[42] in der Münzstr.

26.2. - Politisierung mit Short im Casa

2.5. - Texas Chainsaw Melodramatic Experience bei Verena

5.6. - Werder Deutscher Meister | Townes van Zandt sieht aus wie Hansa[43]

15.6. - Uni | Luhmann, Selbstreflexion in der Kunst

16.6. - Marcus: „Pussy-Theoretiker"

18.6. - Sydney Bechet

24.6. - „Einsamkeit als Chance", Girke über Cohen

26.6. - Dance or Die, Schuster[44] heißt jetzt Gabi

27.6. - nachts ideen zu einem film zur nahaufnahme

29.6. - eva[45] zieht in münzstr.

2.7. - subkultur nach hoyerswerda

6.7. - Kartoffelpuffer hier | Was tun? wird später Was soll's!

8.7. - Falkendom, Short, Hauke[46] (tausend, Luhmann, Frauen)

---

[41] Im AJZ-Kino wurden an Sonntagabenden Filme gezeigt. Eine Weile war ich in der Programmgruppe.

[42] Zu dieser Zeit oder etwas später hatte Verena einen Text über „Speed" von de Bont geschrieben, an den ich mich noch erinnere. Sie hat dann auch noch Bücher über Kino herausgegeben, da lebte sie aber schon nicht mehr in Bielefeld.

[43] Hansa sah damals aus wie Townes van Zandt. Ich hatte ihm die englische Augabe von Pynchons „V." ausgeliehen und nicht zurück bekommen, bis heute.

[44] „Schuster" war kurzzeitig eine Benennung für Ecki. Ihre Herleitung war kompliziert. Sie hat sich nicht durchgesetzt.

[45] Eva sah damals aus wie Wynona Ryder.

[46] Hauke kannte ich seit meiner Schulzeit. Wie damals lebt er auch heute vom Veranstalten von Parties, glaube ich. Er hatte ganz strubbelige Haare.

12.7. - Beschreib- und Benennbarkeitsdebatten (Ecki und Marcus im Milestones)

14.7. - Theweleit

19.7. - Bohrer[47] Montaigne

27.7. - everything means less than zero

6.8. - tausend[48]: Freestyle Fellowship - heftig getrunken

9.8. - tausend plakate mit short

22.8. - Ecki: House-DJs auf der Popkomm waren „toll", bzw. auch „total toll"

18.9. - Jessica[49]

23.9. - Unwohlfühlen in der Innenstadt

6.10. - Bud Boetticher, Ein Mann gibt nicht auf

*

1994

24.5. - starker Regen, Katrin: „In der Pfütze sind genau so viele Tropfen Wasser, wie in sie hineinpassen."

6.6. - Theoriegruppe „Kunst", Theoriegruppe „Ernst"

23.7. - jörgs[50] wohnung

26.7. - was ist politik?

29.7. - die verfilmung der wohnungsanzeige (eva, ecki, marcus,

---

[47] Karl Heinz Bohrer war Professor für Literaturwissenschaft an der Universität Bielefeld. Zu jener Zeit hat er ein Blockseminar zum Essay veranstaltet.

[48] tausend war ein regelmäßiger Abend mit Musik, den wir veranstalteten.

[49] Jessica war in der Lesegruppe, wir lasen Poststrukturalisten. Zeitweise gab es Verwicklungen von uns um Jessica. Martin, Marcus, sie und ich saßen nachts auf Bänken in Parks und versuchten, spielerisch damit umzugehen. Das war aber später. Bald darauf zog sie fort.

[50] Jörg wohnte in einer verwinkelten Wohnung. Er ist jetzt ein berühmter Verleger und Herausgeber dieses Buches.

heide, verena, jessica, girke, ilya[51]) - ein oder zwei dinge, die wir von uns wissen

31.7. - oetkerpark mit martin[52], marcus und jessica

6.8. - Lichtwerk-Party: melanie, short/katrin, jessica, martin, franziska[53], christine[54]- „nicht auf den mund"

1.9. - what's that noise | viel Jessica, Martin, Marcus, Girke | denke immerzu ans Arbeiten (Bertis Wolke... jetzt durchstarten ... und dann doch nur ins Viertelfinale)

oktober - bitches' brew[55], franziska

4.11. - Girke will, daß alle verliebt oder unglücklich verliebt sind there's a crack in everything / that's how the light gets in Keine Ideen eigentlich, Müßiggang. Nie mehr Casa

*

1995

30.1. - Am Morgen wache ich auf und Michael Girke steht in meinem Zimmer. Er hat eine Leinentasche in der Hand. Er möchte sich eine Schallplatte ausleihen.

Nein. Falsch. Nicht Konsens. Nicht Dissens. Wilde Indifferenz.

---

[51] Ilya sah aus wie Robert de Niro. Er hatte seine Schläfen ausrasiert. Für ein paar Monate wohnte er bei uns.

[52] Ich wundere mich, dass Martin jetzt erst auftaucht. Es gibt in diesem Band auch einen Text von ihm.

[53] Franziska war mysteriös. Wir nannten sie auch die Belgierin, weil jemand meinte, sie würde aus Belgien kommen. Vor drei oder vier Jahren sah ich sie an mir vorbeigehen bei einer Ausstellungseröffnung in Berlin.

[54] Ein paar Monate lang schrieben Christine und ich uns noch Briefe und Karten. Damals schon lebte sie eigentlich in Würzburg. Vor ein, zwei Jahren ist sie nach Berlin gezogen. Sie wohnt irgendwo beim Görlitzer Park.

[55] Das bitches' brew war eine neue Diskothek in Bielefeld. Zu diesem Zeitpunkt aber war das schon egal.

1.3. - umzug nach berlin

Das orange Notizbuch. Gegen Ende Berliner Nummern, Berliner Namen. „manchmal, wenn man dicht beieinander steht, gibt es Rückkoppelungen"

Riesen-Walfisch

MobyDick
auf Europatour

DAS MEER MUSS LEBEN

15 Meter lang! ● Der Wal: Das größte Tier der Welt
Reproduktion eines Finnwals!

Informations-Ausstellung über die Ausrottung der Wale in den Weltmeeren

Kommen — Sehen — Staunen!

ILL COMMUNICATION

Monika Großerüschkamp

Wie die Mehrheit der Ostwestfalen bin auch ich im Grunde ein schüchterner Mensch.

Aufgewachsen in Schloss Holte, zog ich 1988 nach meinen zwei ersten Semestern in Köln nach Bielefeld. Rückblickend möchte ich diese Entscheidung auf vorauseilenden Gehorsam zurückführen. Zwar erwarteten mich in Köln während des Grundstudiums Scheinanforderungen, die kaum zu erfüllen waren (da brauchte man damals selbst für ein Soziologiestudium ein großes Latinum, von den restlichen 14 oder 15 Scheinen ganz abgesehen...), aber deswegen schon nach zwei schönen Semestern die Stadt zu wechseln, das hätte nicht einmal das BAFöG-Amt verlangt. Nein, das schlechte Gewissen trieb mich zurück in heimatliche Gefilde: es ging mir in Köln einfach zu gut!

Dort gab es jede Menge Soul- und HipHop-Clubs, meinen Lieblings-Radio-DJ alle fünf bis sechs Wochen live in einer schicken, aber unarroganten Kneipe, Fremde, die mich an der Straßenkreuzung anlächelten, ein paar nette Studienfreundinnen, ein kleines Zimmer mit Balkon, die Eltern weit genug weg, um nicht täglich anzurufen oder zu oft auf Besuchen meinerseits zu beharren, ein erfolgreicher Start im Studium, und – mal abgesehen von meiner Schulfreundin und Mitbewohnerin, mit der zusammen ich nach Köln gezogen war – niemand, der an mir herummäkelte. Außerdem war es immer zwei oder drei Grad wärmer als in Bielefeld.

In Köln war selten Anlass für Schüchternheit: selbst wenn ich allein ausging, unterhielten sich Leute neben mir lauthals über

Themen musikalischer oder politischer Natur, sodass ich mich aufgefordert fühlte, meinen „Senf dazuzugeben", oder ich wurde angequatscht, oder die Musik war so gut, dass ich einfach tanzen musste. Sogar, als ich mich das erste Mal allein tanzend zu Princes „Alphabet St." versuchte, etwas unbeholfen herumstolperte und der Schamesröte nah war, eilte der DJ (der Radiomann) unterstützend herbei und tanzte mit, danach füllte sich die Tanzfläche in Windeseile, und mein Gestolper fiel niemandem mehr auf.

Bielefeld war ganz anders. Hier standen Soul und HipHop bei der regionalen Geschmackspolizei anno '88 noch auf dem Index: Wer auf sich hielt, machte bzw. hörte Indie-Rock, und damit waren selten die „Happy Mondays" oder „Primal Scream" gemeint. Indie-Rock mag ich auch sehr gern, live oder von Konserve in der Kneipe, doch zum Tanzen... Manchmal begab ich mich in das mir noch aus Schulzeiten vertraute Sam's, als Bauerndisco und Baggerschuppen verschrien, aber musikalisch meinen Vorlieben am nächsten. Die DJs fuhren eher die Alexander O'Neal/ Luther Vandross-Schiene oder spielten LL Cool J; die Isley Brothers, Curtis Mayfield oder De La Soul kamen erst kurz vor dem Kehraus zum Einsatz. Die Idee, selbst einen Club zu gründen, ist mir allerdings nicht gekommen, deshalb kann ich nicht meckern.

Am nächsten Tag gab es oft hämische Kommentare von Seiten meiner männlichen Mitbewohner; sie konnten sich gar nicht vorstellen, dass ich erst bei Tagesanbruch den Weg ins Bett gefunden hatte. Ich hatte ja auch angekündigt, dass ich zügig studieren wollte, doch mir war nicht klargewesen, dass es in Bielefeld so wenige Nachmittagsveranstaltungen an der Uni gab. Protestantische Ethik?

Wollte ich in Gesellschaft ausgehen, ging es mit meiner 6-köpfigen WG plus Freunde/ Freundinnen donnerstags in den Falkendom, freitags ins PC 69 und sonntags ins Forum Enger. Wir waren viel unterwegs, fast jeder Programmpunkt wurde Woche für Woche mitgenommen.

Zwar lernte ich im Forum ein paar alte Espelkämper Freunde meiner Mitbewohner kennen, das Knüpfen eigener Kontakte dagegen war schwierig. Aus meiner ehemaligen Schule und meinem Studiengang kamen nur wenige, und das sehr unregelmäßig. Es schien zudem nicht sehr erwünscht zu sein, zwischen den verschiedenen anwesenden Cliquen Kontakte zu knüpfen. Daher wurde eher übereinander hergezogen als mal 'rübergewandert. Es ist mir passiert, dass eine Frau, die mir seitlich im Rücken gestanden hatte, einmal halb um mich rumspazierte, wieder zu ihren Freunden zurückging und urteilte: „Nee, der fehlt das gewisse Etwas!" Ich drehte mich um und forderte: „Wenn ihr schon so laut über mich redet, dass ich's mithören kann, sagt wenigstens was Nettes!" Anscheinend hatte einer der Anwesenden das vorher getan, das aber habe ich eben nicht gehört. Es entspann sich sogar ein kurzer Dialog, doch die Gruppe war peinlich berührt und froh, als ich mich wieder wegdrehte.

Auf der kleinen, mitten in den Kellerraum platzierten und immer kritischen Blicken ausgesetzten Tanzfläche fand sich dagegen eine kleine, vertraute Gemeinde: Vielleicht 20 der manchmal an die hundert Gäste fanden dort zusammen, immer dieselben. Bei den großen Hits wurden es auch mehr. Mit einigen von ihnen habe ich nie ein Wort gewechselt.

Hatte ich '89 dort noch harte Diskussionen geführt, weil ich nicht verstand, dass kein HipHop gespielt wurde und meine Gegenüber nicht verstanden, dass ich ins „alternative" Forum gehe und HipHop überhaupt mögen kann, so fand wenige Monat später ein Generations- oder Paradigmenwechsel am DJ-Pult statt. Jedenfalls fanden es ein paar Plattenaufleger jetzt ganz normal, Sly Stone, Marvin Gaye, De La Soul, JVC Force, A Tribe Called Quest sowie Sonic Youth, Thin White Rope, Dinosaur Jr.

und Yo La Tengo in einer Nacht für ein Publikum zu spielen. Das Tanzen hat von da an sehr viel mehr Spaß gemacht.

Am ehesten habe ich dort Leute kennen gelernt, wenn ich länger blieb als meine WG und mich um eine Mitfahrgelegenheit nach Hause kümmern musste. Manchmal überließ mir meine Mitbewohnerin Carina auch ihren alten VW Polo, sodass ich gelegentlich noch einen kleinen Umweg durch die Bielefelder Innenstadt machte, um jemanden abzusetzen. Jedes Mal geriet ich in die Polizeikontrolle: Wer zwischen 3 und 5 Uhr mit dem Auto unterwegs war, galt per se als verdächtig. Die Sheriffs waren froh, kurz vor Schichtwechsel noch mal ein „junges Ding" einschüchtern zu können. Einmal fuhren sie mir bis auf den Parkplatz nach und leuchteten dort die abgenutzten Reifen ab. Teuer war's und gar nicht lustig.

Mein Studium kam nicht in die Gänge. Den Zwang zur Frühschicht habe ich ja schon erwähnt. Hinzu kam, dass der Stundenplan in Köln aus mehr Vorlesungen und nur wenigen – dann ziemlich vollbesetzten – Seminaren bestand.

In Bielefeld gab es fast nur Seminare, Kleingruppen, und das hatte mich auch gereizt. Aber mich auf den Arsch zu setzen und eine ganze Hausarbeit zu schreiben, das verlangte eine Disziplin und Konzentriertheit, die ich in dieser lauten, „lebhaften" WG einfach nicht zustande brachte. Meine persönlichen Vorlieben, die mich vom fleißigen Studieren abhielten, finden später Erwähnung. Zwei spätere Mitbewohnerinnen haben große Teile ihres Studiums dort durchgezogen, Carina ihre Erzieherinnenausbildung zuende gebracht. Respekt! Ich hätte ja auch in die Bibliothek gehen können, aber dort war es zu ruhig. Meine Profs und Dozierenden waren immer ein wenig enttäuscht von meinen Referaten. Ich auch.

Und dann diese Jüngelchen an der Uni, die einfach nicht fassen konnten, warum Max Weber schon gesagt hat, dass es Altruismus nicht gibt – der beste Gegenbeweis sei die eigene Mutter. Aua! Wortbeiträge dieses Kalibers gab es einige, und die anschließenden Diskussionen waren lang! Manchmal konnte ich mich des Gefühls nicht erwehren, meine Zeit zu vergeuden.

Vor allem aber die WG: Henrik war lustig, laut und auch inspiriert. Menschenkenntnisse hatte er keine. Seiner Ansicht nach habe ich null Modebewusstsein – Klamotten standen in der Zeit tatsächlich aus diversen Gründen ganz unten auf meiner Prioritätenliste. Aber mir das Bewusstsein abzusprechen... Außerdem kann ich, sagte er, überhaupt nicht praktisch denken. Das meinte er, als ich mal aus den Kartoffeln vom Vortag einen Auflauf machte und auf seine Anfrage, ob ein Mann dahinter stecke erklärte, erst Kartoffeln kochen sei mir zu aufwändig, es habe sich gerade angeboten, die Reste zu verwerten. Sensibel bin ich in seinen Augen auch nicht die Spur. Mit diesem Mann habe ich 8 Jahre zusammengewohnt. Trotzdem: danke für das CD-Regal.

Jens meinte von Anfang an, ich könne eine Diät vertragen, dabei war das noch vor dem Kummerspeck. Der fand allerdings auch, dass Madonna schon immer ein „Pummelchen" war. Und als ich mehr und mehr von Musik erzählte, reagierte er genervt. Sich selbst als Linken verstehend, wurde er zu einem der ersten regelmäßigen „Fit For Fun"-Leser.

Jens fand es auch schrecklich, wenn Vina, eine Portugiesin, die kurz nach mir einzog und in ihrem Heimatort Setúbal einmal einen Madonna-Ähnlichkeitswettbewerb gewonnen hatte und noch für lange Zeit schwarze Netzstrümpfe anzog, Freitagsabends Stunden vor dem großen Spiegel verbrachte, um das perfekte Outfit für die Nacht zu finden und alle fünf Minuten in die Küche kam, um Carina und mich um Feedback zu ersuchen.

Vina vermisste das Leben in den Straßen und fühlte sich unwillkommen in unserer WG. Mit Carina konnte ich wenigstens mal Komplimente austauschen, das war ein sehr unkomplizierter Dialog. Aber auch sie fand mich „ein bisschen verrückt", lange ehe ich's wurde.

Doch zurück zu den Tonangebern: Stundenlang über Fußball quatschen, nachts um 10 noch im WG-Flur flexen, bohren, schleifen oder um 2 Uhr morgens bolzen, Sonntagsmorgens um 9 die WG mit Heino oder den Toten Hosen terrorisieren, so waren meine männlichen Mitbewohner. Doch die bloße Erwähnung des Umstandes, dass Sonic Youth unter dem Pseudonym „Ciccone Youth" auch mal „Into The Groove" gecovert haben, provozierte schon ein entrüstetes „Das interessiert mich nicht, ob die das gemacht haben!" Musik haben wir alle laut gehört, doch bei mir knallte dann schon mal die Tür von außen zu. Ich glaubte, eine offene Tür signalisiere Dialogbereitschaft, eine geschlossene keine, und wer die Tür von außen zuknallt, breche die Konventionen, weil damit dem Bewohner des Zimmers das Recht abgesprochen wird, über die eigene Abgrenzung zu entscheiden. Doch ein einfaches „Ich mach' mal zu, das ist mir gerade zu laut", oder die Frage, ob es etwas leiser ginge, war zu viel verlangt. Vor mich hin- oder beim Radio mitsingen sollte ich irgendwann auch nicht mehr.

Pärchenkonstrukte kamen auch noch dazu. Zwei von den Pärchen (eines hatte sich innerhalb der WG gebildet) machten nicht einmal in der Anfangszeit den Eindruck, verliebt zu sein, und ich habe immer noch den Verdacht, dass sie mehr aus Angst vor Spott, weil man ja schon so lange ohne Freund/Freundin ist, entstanden sind, als aus Liebe. Da unterhielten sich schon mal die Frauen: „Und, was macht Ihr heute abend?", ganz klar von Pärchen zu Pärchen gerichtet, ohne Blick in die Runde... Zu dem Zeitpunkt galt ich schon als seltsames Neutrum („keine richtige Frau"), schwierig und deshalb besser gar nicht zu adressieren.

Muss man sich wundern, wenn ich die Lassie Singers lauter drehte? Oder meinen spontanen Eindruck, gewisse Leute hätten gewisse Songs für meine Lebenssituation geschrieben, gleich zur Paranoia erklären? Wie oft bin ich gefragt worden: „Was hat denn das mit dir zu tun?" Natürlich haben sie das nicht für mich geschrieben, die haben nur ähnliche Erfahrungen gesammelt, aber es ist bei einigen Leuten noch nicht angekommen, dass Musik tatsächlich vom Leben handeln und sich gegen so manches aufbäumen kann. Muss man sich wirklich so wundern, dass ich große Teile der ehemaligen WDR1-Musikredaktion „meine besten Freunde" nannte und einen kleinen verzweifelten Feldzug startete, als sie reihenweise abgesägt wurden?

Hier kann ich nun ein Indiz dafür anbringen, dass ich schüchtern bin. Ein selbstsicherer Mensch wäre mit Sicherheit in eine ruhigere, offenere oder gleichgesinnte WG gezogen, gleich in eine andere Stadt oder hätte sonst was getan, um glücklicher zu werden. Ich nicht. Ich versuchte vorerst, allen Anforderungen zu genügen, und wenn mir das nicht gelang, waren nicht die Anforderungen oder die Umstände schuld, sondern ich selbst. Sowohl Vina, die zu dem Zeitpunkt schon ausgezogen war, als auch ich sind kurze Zeit später psychiatrisiert worden, beide mit der Diagnose „endogene Psychose" (endogen: von innen kommend, ohne äußeren Anlass).

Zu mir meinten eben diese Mitbewohner, ich hätte mich mit meiner Musikliebe und dem Erzählen davon „selbst ins Abseits manövriert". Soviel verstehe ich aber auch noch von Fußball – ich habe den Jungs ja sogar mal die 3.Spalte in der Tabelle erklärt – jetzt zu begreifen, dass mir diese Abseitsfalle gestellt wurde. Bequemlichkeit meinerseits hat auch eine Rolle gespielt, so suchte ich mir Anforderungen, von denen es mir leichter fiel, ihnen zu genügen. Ich schmiss das Studium, und jobbte in einem Pharmagroßhandel, wo alles prima anfing. Leider verkrusteten die Hierarchien sehr schnell, fast alle Studierenden zogen ab oder wurden entlassen, die wenigen verbliebenen waren unbeliebt, weil sie unkonventionelle Arbeitsmethoden hatten. Vielleicht, da sie auch noch irgendetwas außerhalb Lohnsklaverei und Ehe-Routine gesehen hatten?

Ich unternahm noch ein paar kleinere Anläufe an der Uni, habe sogar einmal super im Logik-Seminar für angehende Philosophen abgeschnitten. Endgültig die Schnauze voll hatte ich in „Deutsch als Fremdsprache", wo mein Dozent es für absolut notwendig hielt, in der Einführung für einen Reader, adressiert an frisch-angekommene Studenten aus anderen Staaten, mit Kettensätzen zu brillieren. Das kann ich auch, wie gerade bewiesen, ich hatte mich allerdings an die Devise „Je verständlicher, desto besser" gehalten. Ich wollte seiner akademischen Karriere und den damit unvermeidlich zusammenhängenden Schwurbelsätzen nicht weiter im Wege stehen und kehrte der Uni den Rücken.

Außerdem bot ich Plattenkritiken an, zuerst an ein hochglänzendes, lifestyle-orientiertes Lokalblatt, das die Leute, auf deren Urteil ich wert legte, nicht oder nur selten gelesen haben. Das war durchaus so gewollt, ich würde auch in keiner Kneipe kellnern wollen, wo ich ein Drittel aller Gäste kenne. Ich hätte es wohl als Baby schon nicht gemocht, wenn die halbe Verwandtschaft bei den ersten unbeholfenen Schritten zugesehen hätte. Der Redakteur war klasse. Er organisierte regelmäßig Redaktionsmeetings, wo die „Platte des Monats" von der ganzen Musikabteilung demokratisch abgestimmt wurde. Wir haben damals noch auf Kassetten die Höhepunkte unserer Lieblingsplatten zusammengeschnitten. Eine interessante Gruppe! Komisch war nur mein Traum, in dem ich eine Rezension mit einer Dornröschen-Allegorie abgab und dafür Schimpfe bekam. Die einzige Frau außer mir bekam wenige Monate später auf eine zugegebenermaßen ziemlich lahme Kate Bush-Rezension (die Künstlerin war auf dem Cover an einer Rose riechend abgebildet) einen sehr gehässigen Leserbrief. Ein auch sehr liebenswerter Kollege, der eine Schallplatte mit dem Massaker auf dem Tiannamon Square in Verbindung brachte, bekam Hasspost. Er versuchte, den Absender ausfindig zu machen, aber die Adresse existierte nicht. Es stellte sich heraus, dass Herausgeber und Redakteure ihre Kritik lieber anonymisiert als Leserbriefe vermittelten als im offenen Gespräch. Als ich den Verlag verließ, wies mich eine weitere Kollegin, die später dazugestoßen war, darauf hin, dass ein Leserbrief für mich in der neuesten Ausgabe war, Verfasser war der neue Redakteur... der Brief war nett, er wollte, dass ich weiterschreibe, aber warum so hintenrum?

Die Herausgeber waren arrogante Säcke, aber das war bei der „linken Presse" nicht so anders. So groß ist die Stadt nicht, dass ich nicht irgendwann anderen Journalisten in die Arme gelaufen wäre, also schrieb ich auch für andere Zeitungen. Einer der Redakteure bot mir die Urlaubsvertretung an. Ich bin oft gleich nach der Arbeit in der schmierigen Halle, in der ich immer noch arbeitete – von 45 Pfennig Zeilenhonorar konnte ich nicht leben, der BAFöG-Anspruch war hin, und meine Eltern haben auch kein Geld – ins Büro der Zeitung gegangen, in leicht verdreckten unscheinbaren Jeans und Pullis. Zeit zum Umziehen war da nicht, ich hatte um 4 Feierabend, in Brackwede, ca. 8 km von der Innenstadt entfernt und kein Auto, das Redaktionsbüro machte um 5 dicht. Ich schnappte irgendwann durch eine halboffene Tür den Satz vom Herausgeber auf: „Echt, so wie die aussieht? Kann die das?" Die anderen Frauen sahen alle ganz flott aus, und keiner von ihnen war irgendetwas überantwortet worden, so habe ich diesen Satz in meiner paranoiden Gewohnheit auf mich bezogen. Wer weiß, was so „links" ist an einem Blatt, dem das Papier mehr wert ist als die Texte, die drauf stehen, möge mich bitte aufklären.

Es dauerte lange, bis ich ein paar tragende Freundschaften knüpfte, mit deren Hilfe ich mich von der tyrannischen WG loseiste. Die vielen anderen Musikbegeisterten bewegten sich meist in Cliquen mit recht strengen Zulassungskriterien.

Wenn mich Fremde ansprachen, war es mit Worten wie: „Dich habe ich doch neulich schon hier gesehen, da warst Du ja völlig neben der Spur."

Ich legte zusammen mit einer Freundin einige Male Platten auf, in einem Club im Ostteil der Stadt. Letztes Jahr sprach mich einer der ehemaligen Gäste – ca. 8 Jahre nach meinem letzten Einsatz dort – an, er habe mich mal nach dem Namen eines bestimmten Housetracks gefragt, ob ich ihn noch wisse. Ich verneinte, und er meinte, dann könne ich ja wohl nicht ernsthaft an Musik interessiert sein.

Ich schrieb mit für ein Fanzine. In meinem letzten Bielefelder Jahr, Ende 1997, überlegten wir uns ein neues Konzept. Anstatt die verschiedensten Lieblingsbands- und Projekte unkommentiert nebeneinander zu stellen, sollte es Hefte mit Themenschwerpunkten geben. Die vorgeschlagenen Themen für die erste Ausgabe dieser Art waren „elektronische Musik" und „Britpop". Besonders glücklich war ich mit beiden nicht, „Britpop" fand ich aber völlig unangebracht, weil der Begriff Musik über ihre Staatsherkunft definiert. Weit davon entfernt, historische und regionale Besonderheiten zu leugnen, wollte ich die Nation nicht zum bestimmenden Thema machen! Mir wurde nur knapp mitgeteilt, da komme man eben nicht herum. Zu der Zeit sowieso recht dünnhäutig, weinte ich ein paar Tränen. In der Folgewoche wurde ich zum Redaktionstreffen eingeladen, „falls ich geistig und seelisch dazu in der Lage sei".

Im Spätherbst 1998 zog ich nach Berlin. Es sind nicht die besseren Parties, die mir ein Zuhause-Gefühl geben. Ich fühle ich mich unter anderem sehr wohl, weil einige gekränkte Bohemiens aus ihren Kleinstädten hierher flüchten und zwischen den zahlreichen Proleten angenehm auffallen. Ich habe hier wieder gelernt, unbefangen zu sein.

Letzten Sommer war ich zu Besuch in Bielefeld, es war an einem sonnigen, warmen Spätnachmittag, sonntags, und ich spazierte eine menschenleere Straße ab, ging in einen verlassenen Park, auch im Biergarten saß ich allein, und wunderte mich wieder einmal, wo die Stadtbevölkerung sich aufhalten könnte. Ein Spaziergänger kam mir auf der Straße entgegen, und da ich ein wenig kurzsichtig bin, lächelte ich allein schon, weil er ja ein alter Bekannter hätte sein können. Zuerst blickte er sich irritiert nach hinten um, dann wischte er sich durchs Gesicht...

MORGENBREDE

Verena Sarah Diehl

Hier leben keine Menschen. 17 qm Wohnung wie aus einem Guss. Vorne an der Eingangstür ist eine Art Flur mit 1 Meter Durchmesser in der sich auf der linken Seite eine Kochnische und rechts eine Garderobe zum Aufhängen der Mäntel befinden. Die Herdplatte hat drei Kochstellen, es gibt einen Backofen, einen Kühlschrank, in dem nicht genug Biere für eine Party Platz haben würden und ein Abfalleimer der gerade mal für einen Singlehaushalt reicht. Das einzig großfamilienmäßige schwirrt in Form von Fliegen in diesem Bereich herum. Neben der Kochnische befindet sich die Nasszelle, die ist tatsächlich aus einem Guss: aus einer großen weißen Plastikscheibe wurde der Fußboden von etwa 40 x 30 cm, die Wände, die Dusche, die Decke ein paar Ablagemöglichkeiten für die Toilettensachen neben dem Spiegel und die kleine Kuhle neben der Toilette für das Klopapier geformt. Die Neonröhre schmeißt dem Toilettenbesucher das Weiß der Wände ins Gesicht, man blinzelt und sieht krank aus, wenn man sich im Spiegel betrachtet. Im Studentenheim in der Morgenbrede hat man immer Pickel. Wenn man von dem Klogang aus der Nasszelle kommt, geht man rechts in den Wohnraum, der etwa 12 qm umfasst. Es gibt ein Fenster mit Blick auf die Universität. Hier darf man selbst wählen: Das Bett könnte am Fenster stehen oder in der Ecke, der Schreibtisch könnte am Fenster stehen oder in der Ecke. Der Teppichboden ist dunkelgrün, die Wände sind vielleicht aus Holz, doch sie sind mit einem weißen Kunststoffüberzug verkleidet. Man darf keine Nägel in die Wände schlagen, so kann man nur Poster aufkleben. Dabei sind die Menschen, die hierher ziehen, gerade dem Alter entwachsen, in dem man Poster aufhängen möchte. Hier muss dies fortgeführt werden, es sei denn man mag bunte Tücher aufhängen. Madonna, Michael Jackson, ZZ Top, Lothar Matthäus und Barbara Streisand. Wohlmöglich kam so der Sinn für trash nach Bielefeld.

Das Zimmer hatte sich Rita vorher nicht angesehen. Alle Zimmer sehen hier so aus, sie hätte keine andere Wahl gehabt. Sie hatte sich überstürzt für das Oberstufenkolleg angemeldet und keine Zeit gehabt, sich nach WGs umzusehen. Und dieses Studentenwohnheim war angenehm billig, man musste dafür nicht extra schuften gehen. Der Straßenname hatte vielversprechend geklungen, nach holländischer Strandpromenade mit Eisverkäufern. Statt dessen reckten sich sechs graue 13-geschossige Blöcke die Morgenbrede entlang. Wenn man aus dem Fenster schaut, sieht man aus einem Betonblock heraus über die Strasse auf einen anderen Betonblock. Die Uni hat nichts von altehrwürdiger Wissenschaftsverwaltung, keine Säulen, kein Holz, kein Giebel. Sie ist grau und kantig, weitläufig, mit undurchschaubarer Raumaufteilung und nicht weniger furchteinflössend als die alten Bauten mit großer Freitreppe. Als kleiner Student fühlt man sich auch hier, nur das man meint, es rieche nach Pubertät und Schwimmunterricht, denn die Böden sind aus grünem Plastik mit flachen Noppen. Sie wurde wohlmöglich von brutalen Architekten gebaut, die der Meinung waren, das man ohne Gemütszustände besser studieren könne. Um die Morgenbrede und die Uni herum wurden Gras und Bäume gepflanzt, aber das fällt nicht weiter auf.

Rita hat den Schreibtisch ans Fenster gestellt und das Bett in die Ecke. Auf dem Teppich hat sie einen anderen gelegt, einen Blauen. In der Kochnische brutzelt sie gerade ein Schnitzel, das sie allein essen wird. Der Müll stinkt und Bewegung tut gut. Rita bringt den

Müll runter, während das Fleisch auf einer Seite knusprig wird. Sie tritt auf den Flur hinaus. Sie lebt hier seit zwei Monaten und hat noch niemanden auf dem Flur getroffen. Auch diesmal nicht. Rita könnte mal an einer Tür klopfen und sagen, „Hallo, ich bin die Neue", doch das könnte in die Hose gehen, denn vielleicht hat man plötzlich einen Menschen am Hals, den man dort gar nicht haben wollte. Das Risiko ist zu groß und so wird nicht geklopft. Der Flur ist lang und riecht nach Putzmitteln, er ist... grau? Auch wenn er eine andere Farbe haben würde, würde er grau sein. Vor manchen Türen liegen Fußabtreter mit lustigen Sprüchen. Auch die sind vornehmlich grau.

Das mit der Bewegung meinte Rita nicht so und nimmt daher den Fahrstuhl. Blaue Tür, graue Wände. Rita denkt an einen Trabbiverkäufer, der behauptete, er könne eine große Vielfalt an Trabbis liefern: 16 verschiedene Grauvariationen. Grau wäre gar nicht so schlimm, wenn nur auch mal andere Farben ergänzt werden würden. Der Fahrstuhl schließt sich und summt langsam herab. Rita studiert die Eddingsprüche. Noch sind sie neu für sie, bald werden sie alt sein. Die gängigen Fick- und Philosophiebemerkungen rasseln die Wände runter.

„Ruf mich an: 187354674" – Rita überlegt, dort anzurufen und der, wohlmöglich, Dame an der anderen Seite des Telefons mitzuteilen, dass sie einen Feind hat, der womöglich in der Morgenbrede wohnt. Also, pass auf dich auf. Ein verschmähter Liebender? Die gibt es in der Morgenbrede bestimmt zu Hauf. Rita notiert sich die Nummer aber nicht.

Unten angekommen geht Rita an den Briefkästen vorbei, raus zu den Mülleimern. Der Weg zu den Briefkästen ist weit. Wenn sie nicht eh an ihnen vorbei muss, wenn sie also mal einen ganzen Tag in ihrer Nasszelle verbringen will, wird sie die Post nicht holen. Wahrscheinlich ist sowieso keine da. Als Rita wieder oben ist, wendet sie das Fleisch.

Heute kommt ihre kleine Schwester zu Besuch. Hoffentlich nervt die nicht. Aber Rita hat jetzt gern jemanden bei sich. Sie kennt noch niemanden und mag nicht immer alleine weggehen. Sie mag überhaupt mal weggehen. Aber kleine Schwestern können nerven. Deshalb bleibt sie ja auch nur vier Tage. Sie hat gerade Sommerferien. Die Zeiten sind für Rita vorbei. Sie hat jetzt Semesterferien.

Ihre Schwester macht sich breit und Rita bemerkt, wie klein ihr Zimmer wirklich ist. Man kann nirgendwo richtig sitzen; also sitzen sie auf dem Bett, essen auf den Bett, schauen fern auf dem Bett, schlafen zusammen in diesem Bett. So wie früher. Ein erwachsenes Leben kann man hier nicht führen.

Am nächsten Morgen klopft ein Kanarienvogel an das Fenster. Rita schmiert sich gerade ein Butterbrot zurecht und schaut auf. Der Vogel flattert das Fensterglas entlang und will rein. Der andere Fensterflügel ist geöffnet und der Vogel findet seinen Weg. Er setzt sich auf Ritas Schreibtisch. „Schnell, schnell, schnell – zumachen" rufen Rita und die kleine Schwester und hasten verkrampft langsam zum Fenster, um den Vogel nicht aufzuschrecken, so dass er wieder hinausfliegt. Die erste ambitionierte Bewegung in diesem Raum. Man weiß ja, dass Kanarienvögel allein nicht überleben können. Für manche Lebewesen ist die Freiheit eben nichts. Der Vogel schaut sich um. Rita und die Schwester schauen den Vogel an. „Der muss jemanden hier aus dem Fenster geflogen sein." stellen sie fest. Sie frühstücken und sehen dabei dem Vogel zu, wie er auf Weltreise geht. Manchmal fliegt er, manchmal hüpft er wohin. Einmal scheißt er auf die Tischplatte.

Rita muss in die Uni und die Schwester macht sich auf die Suche nach dem Besitzer, sie hat eh nichts besseres zu tun. Sie lassen den Vogel allein in der Wohnung. Die Schwester denkt auch noch, das sei spannend, an fremde Türen zu klopfen und freut sich. So kann man Bekanntschaften schließen, meint sie. Solltest du auch mal probieren. Du wohnst doch hier.

Bekanntschaften, mit denen sich Rita später rumschlagen muss.

Die kürzesten Wege sind oft die Besten und so klopft die Schwester an der Nachbarstür. Eine Frau öffnet. Sie hat bunte Tücher an der Wand hängen. „Hallo, meine Schwester wohnt hier neben. Haben sie vielleicht Kanarienvögel? Heute morgen ist uns nämlich einer zum Fenster rein geflogen." Die Frau wird bleich und schaut sich zu einem Vogelkäfig um, der hinter ihr am Fenster steht. Sie geht schnell darauf zu, während sie die Tür offen stehen lässt. „Ach, Gott sei Dank, da hast du mir jetzt einen Schrecken gemacht. Nein, sind noch alle da." Sie kommt zurück zur Tür. „Und ihr habt jetzt einen drüben in eurer Wohnung?" Die Schwester nickt. „Habt ihr den einen Käfig?" „Nein, wir haben auch keine Ahnung von Vögeln, wir wollten jetzt mal rumfragen, ob jemand einen vermisst." „Na, dann tu ihn doch zu meinen in den Käfig. Dann können wir ja unten einen Zettel hinmachen, dass wir einen gefunden haben. So lange kann der bei mir bleiben."

Die Schwester fühlt sich betrogen. Das ging ihr jetzt zu schnell, sie wollte doch noch an so viele Türen klopfen.

Doch irgendwie war der Vorschlag ja vernünftig.

URLAUB IN BIELEFELD

Max Müller

So unwahrscheinlich es für ein außenstehendes Ohr auch klingen mag, es gab Zeiten, da war Urlaub in Deutschland für Deutsche noch keine Kostenfrage oder gar modern, wie es heute vieler Orten ist. Nein es war der pure Spaß und entsprach der freigewählten Zwanglosigkeit einer durch nichts zu beeinflussenden Jugend, zu der ich mich selbst und noch ein paar Auserwählte zählen durfte.

Vom Himmel aus schien unerbittlich eine Sonne, die die Stadt heiß und unerträglich und ihre Einwohner zu stumpfsinnigen Idioten machte, Idioten, denen nichts besseres einfiel, als sich über die Hitze zu beschweren. Die Menschen jener Stadt, nennen wir sie Berlin, es könnte aber auch genauso gut jede andere deutsche Stadt gewesen sein, wurden missgelaunt. Wesentlich missgelaunter als es die Menschen in Berlin ohnehin sind. Als es schier unerträglich wurde, gab es nur noch einen Ausweg – Urlaub! Urlaub aber wo? Und überhaupt Urlaub von was? Eigentlich tat man ja nichts, von dem man sich hätte erholen müssen, doch da man (ich) in einer Beziehung stand, wollte man sein wie die, in deren Leben ein Urlaub so etwas wie eine Lizenz oder irgend etwas Amtliches war, das bescheinigte, dass man dazugehörte und sich als vollwertiges Mitglied der Gesellschaft bezeichnen durfte. Ja, so wollten wir damals sein, total frei und ungebunden (nicht zur Bundeswehr und kein Zivildienst), gleichzeitig allerdings genauso blöd und spießig wie unsere Eltern, die einmal im Jahr in den Urlaub fahren durften, wenn Arbeitgeber und Geldbeutel es zuließen.

Wohin fuhr garantiert niemand in den Urlaub? Wo war man sicher vor den Horden bundesdeutscher Urlauber („End'schuldigense aber isch glaub se sitzen uff menem Badelaken...") und gleichzeitig sicher vor stundenlangem Rumgestehe mit demotivierenden Trampern („Ich steh' hier schon seit zwei Jahren rum, hält überhaupt niemand! Trucker sind Fucker!"), um anschließend eine aufgezwungene Konversation über sich ergehen zu lassen („Was macht ihr denn so?"), mit Autofahrern, denen so langweilig ist, dass sie wildfremde Menschen über Stunden zu sich ins Auto laden, bloß um nicht sich selber ausgesetzt sein zu müssen?

Ja, solche Gedanken hatte man damals, auch wenn das heute albern, fast schon krank erscheint. Weg wollte man, die Gefühle der Reise und des Ankommens mussten es schon sein. Darunter ging gar nichts.

Meine damalige Freundin hatte wohl einige Zeit in einem besetzten Haus in Bielefeld gewohnt. Und ihre Eltern waren aus Detmold, das, wenn ich mich nach all den Jahren recht erinnere, irgendwo in der Nähe von Bielefeld liegt. Bielefeld. Ich kannte den Namen der Stadt aus den unzähligen Anekdoten und Schwänken über ein besetztes Haus, einer Uni und dem AJZ, einem wohl ziemlich heruntergekommen Punkladen, in dem Punkbands aus aller Herren Länder auftraten. Aus irgend einem Grund erschien mir das der ideale Urlaubsort. Gesagt, getan.

Besagte Freundin hatte eine Freundin, die wiederum in einer Art Mini WG (das heißt mit noch einer Person, die aber nicht der Partner war, mit dem sie schlief) wohnte, die in einem riesigem Loft über einer Holzfabrik in der Nähe eines Schwimmbades und des AJZ gelegen war. Man hatte also ein Apartment, konnte schwimmen gehen und es gab abendliche Konzerte, die man zwecks Erbauung aufsuchen konnte. Also alles, wofür man in den Urlaub fährt und was Erholung ausmacht. Einfach wunderbar!

Und dass die Freundin der Freundin und deren Mitbewohner sich riesig über einen Pärchen-Besuch aus Berlin freuen würden, das setzte man einfach voraus. Man packte nur das Nötigste ein und fuhr los. Allein schon die Fahrt nach Bielefeld werde ich nie vergessen. Ständig war etwas mit dem (vom Ex meiner Freundin) geliehenen Auto, wir stritten uns stundenlang und überhaupt bereute ich sehr schnell, mit dieser Furie von Frau, die mir doch daheim so zärtlich und sanft erschien, in den Urlaub gefahren zu sein. Schwefelgeruch machte sich im Auto breit. Flammen züngelten an den Seitenfenstern hoch, der Himmel verfärbte sich blutrot. Ich sah in ihr Gesicht, das sich zu einer hämischen Fratze verformt hatte und aus dessen lachendem Mund Schaum trat, der mir direkt auf die Hose tropfte und Brandlöcher hinterließ. Das war die Hölle und sie der Teufel!

War ich denn blind und taub, hätte ich nicht die Zeichen sehen und die Andeutungen, die sie ständig machte, verstehen müssen? Nun war es zu spät... Gottergeben harrte ich der Dinge, die da kommen sollten und starb in Gedanken tausend Tode. Die Fahrt zog sich endlos dahin. Nur die kurzen Pinkelpausen an hässlichen Raststätten, die schon bessere Tage gesehen hatten, brachten etwas Abwechselung in die Monotonie einer Autofahrt zweier Personen, die sich nichts zu sagen haben. Mit zunehmender Dauer schlug meine Stimmung um und ich beschloss alles von der positiven Seite zu sehen, die schlechte Stimmung zu ignorieren und Konversation zu betreiben, wie ich sie noch nie betrieben habe. Damit machte ich alles nur noch schlimmer. Aber das war mir inzwischen egal. Hauptsache, mir ging es gut.

Gemächlich rollte das Auto durch die Porta Westfalica ein. Wunderbare Porta Westfalica. Zutiefst beeindruckt gab ich mich den Impressionen von unberührten Wäldern und Tälern, einer orange-roten untergehenden Sonne und der Autobahn, die, einer Schlange gleich, dieses Szenario erhaben durchkroch, hin. Als ich und meine Freundin Anfang der achtziger Jahre diesen Urlaub, fast möchte ich sagen dieses Happening erlebte, sollten wir nicht ahnen, welche Lawine wir mit dieser revolutionären Idee, nämlich Urlaub in Deutschland zu machen, lostreten sollten! Nämlich überhaupt keine. Wir erzählten es ja auch keinem.

Nach achtstündiger Fahrt passierten wir das Ortsschild Bielefeld. Die Stadt machte auf mich den Eindruck, der sich mit „sehr kleinstädtisch" am besten zusammenfassen lässt. Die typische Studentenstadt, etwas, das ich bis dato gar nicht kannte. Allein die Vorstellung machte mir Angst. Eine ganze Stadt nur mit Studenten! Mir als Proletarier im Geiste sträubten sich die Nackenhaare. Würde man mir meine Rechtschreib- (ey, wie schreibt man inartikuliert?) und Matheschwäche (und die Wurzel aus 10 ist? Hä, na los...) anmerken? Möglichst unauffällig bat ich meine Freundin um ein Tempotaschentuch, um mir verstohlen den Angstschweiß, der sich auf meiner Stirn gebildet hatte, wegzuwischen. Während ich noch so meinen Gedanken und Impressionen nachhing, bog unser Auto in den Hof der Holzfabrik ein und kam zum Stehen. Schnell wurden die wenigen Reiseutensilien zusammengeklaubt, um flugs darauf das Ankommen zu manifestieren. Die zwei betonierten Treppen hinauf, dann an eine graue Eisentür hämmern (wieso gab es keine Klingel?) „Und schon sind wir da", sagte meine Freundin in freudiger Erregung. Plötzlich wieder mit Engelszungen und einer Liebenswürdigkeit, die sie wie ausgetauscht erscheinen ließ. So würde mir niemand glauben, wie böse sie doch auch sein könnte, alle würden sagen: du bist böse dass du so etwas von so einer netten Person behaupten kannst. Und beiseite: Wie kann er nur!

Küsschen, Küsschen „Oh da seit ihr ja endlich". „Das ist Max." „Äh, hallo". „Und das ist Annette." „Hallo, kommt doch erst mal rein, ihr müsst ja total kaputt sein von der langen Fahrt". Nach kurzer Kennenlernphase, die mit einer Flasche Sekt abgeschlossen wurde, beschloss man, den Mitbewohner, der einen Elektroladen sein Eigen nannte zu besuchen. Bei der Gelegenheit könne man mir auch gleich ein bisschen was von der Stadt zeigen. Das Schwimmbad, die Innenstadt und so. „Alles total langweilig", ich kam ja aus Berlin, da musste man das wohl sagen, dachte ich mir. Und genauso kam es dann auch.

Ich empfand das als überhaupt nicht negativ, sondern als zutiefst positiv, nicht dem Stress der Großstadt und dem daraus resultierenden Überangebot von Veranstaltungen nachgehen zu müssen. Die ganze Stadt war so entspannt und die Menschen wirkten so nett und höflich, dass die drei Wochen wie im Flug vergingen. Einmal sah man sich ein Konzert der Gruppe MDC an, ein anderes mal besuchte man das Hermannsdenkmal.

Da ich noch nie eine Uni von Innen gesehen hatte, durfte ich auf meinen besonderen Wunsch hin, der bei den anderen auf totales Unverständnis stieß („Schmeckt doch überhaupt nicht der Mensafraß! Wie kann man bloß da freiwillig essen wollen!"), sogar mein erstes (und letztes) Mensa-Essen in der Uni Bielefeld zu mir nehmen „Eine Wurst mit Pommes Fritz" – für mich so exotisch wie eine Paella in Spanien oder Froschschenkel in Frankreich und so billig: 2,50 DM! Eben wie Urlaub, nur günstiger. Ich setzte mich möglichst unauffällig zwischen die Studenten und beugte mich mit Hochgenuss über den völlig überladenen Teller und dachte: was für ein verwöhntes und elitäres Volk diese Studenten doch sind, dass sie so eine hervorragende Speise nicht zu würdigen wissen. Kopfschüttelnd aß ich noch einen Salat, als Abschluss einen Schokoladenpudding mit Vanillesoße und verließ dann fluchtartig das Gebäude.

In der loftartigen Wohnung hatten wir ein Zimmer für uns allein und auf dem Hochbett, auf dem wir die Tage verschliefen, lag eine Fernbedienung, mit der man sich morgens mit Musik, die man sich vor dem Schlafengehen ausgesucht hatte, wecken lassen konnte.

Der Kühlschrank war immer gut gefüllt mit landestypischen Leckereien. Eine Kiste mit wohlschmeckendem Bier wurde ständig wie von Zauberhand auf- und wir damit abgefüllt .

Nochmals: als ich und meine Freundin Anfang der achtziger Jahre diesen Urlaub, ja fast möchte ich sagen, dieses Happening der totalen Freiheit gegen den vorherrschenden Trend der allgemeinen Meinungen – nämlich. Urlaub ist nur dort wo nicht Deutschland ist – begingen, sollten wir nicht ahnen welche Lawine mit dieser revolutionären Idee – Urlaub in Deutschland – losgetreten werden sollte! Nämlich überhaupt keine! Trends kann man setzen, wenn man Madonna oder Dr.Motte heißt. Eine riesige Werbeindustrie hinter sich hat, die der dummen Masse so lange einhämmert, was sie gut finden soll, bis sie es tut. Aber als kleiner Mann von der Straße ist das ganze eher ein aussichtsloses Unterfangen.

Heutzutage dagegen ist alles so gewöhnlich. Europa ist zusammengerückt, Grenzen gibt es nicht mehr. Der unentdeckte Osten ist plötzlich so nahe und die Ostsee lockt mit kristallklarem Wasser und fangfrischem Fisch. Alle haben dieselbe Währung. Dank der Klimaverschiebung sind Sommermonate so heiß wie in Tunesien, sodass ein Urlaub in Deutschland nicht mehr nur für die sozial Schwachen zunehmend von Interesse ist.

Rückblickend glaube ich, dass ich damals mit meinem Urlaub in Bielefeld der Zeit und dem Geist immer noch um Jahrzehnte voraus war, denn selbst heute kann ich mir nicht vorstellen, dass jemand sagt: „Stellt euch vor, wir waren 4 Wochen auf Bielefeld und es war phantastisch, das Essen, die Leute, die Landschaft, einfach alles, wir werden für das nächste Jahr wieder Bielefeld buchen (falls wir noch was bekommen)!" Ich kann es auch nicht sagen, denn ich habe es lange vor euch getan.

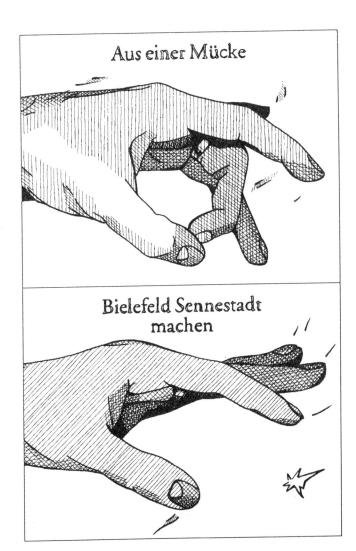

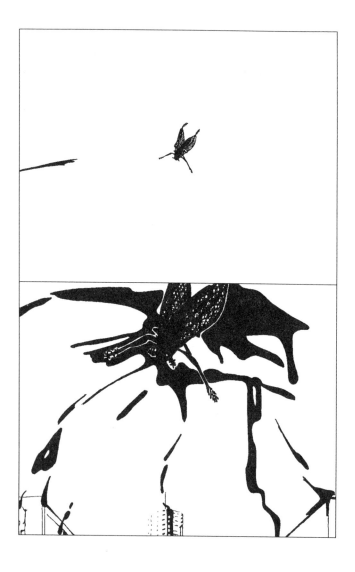

LASS SIE DOCH ALT WERDEN.

Bernadette La Hengst

Wo? Irgendwo in der Mitte. Hinter den Kasseler Bergen. Nein. Vor den Kasseler Bergen. Zwischen Hannover und Dortmund. Durch den Teutoburger Wald. An der Porta Westfalica drang ich in ihre Porta Sexualica. Herford-Ost. Nachts durch den Wald. Unter der Autobahnbrücke. Rechts und links schwarze Felder. Luft anhalten. Pochende Schläfen. Knetterheide. Leopoldshöhe. Über den Berg. Bauernhof. Kranke Kühe. Blasse Wangen. Supertrampen. Boys don't cry. Und sie weinen doch. Ich lache. Mein Herz, das rennt, läuft immer vorwärts. Mit Stefan Zweig in der City. Oetker Eis. Schlaksige Gummibeine nachmachen. Fußgängerzone. Was ist Cappuccino? Er will weg. Wohin? Hier ist doch weg. Wenn ich erst älter bin. Flieg der Sonne entgegen. Knackende Knie an der Stange vor dem Spiegel. Wachsende Füße. Schmerzende Zehen. Vor der Tür ist es dunkel. Willst du Geld verdienen? Ja. Dann fass mal hier an. Nein. Bloß nichts erzählen. Tanzen. Un, deux, trois, quatre. Steif und graziös. Durch die Wand. Kann nicht tanzen. Springen. Gegen nasse Körper werfen. Auf dem Boden ist es still. Über mir Hände lachen. Aufstehen. Weitermachen. Korn, Bier, Schnaps und Wein. Ich erschoss den Mathelehrer und zündete die Schule an. Weg. Weg. Sie haben es immer gewusst und waren von Anfang an dabei. Was haben sie gewusst? Trainingsjacke. Hochwasserhosen. Staubsaugertanz. Springerstiefel. Soul-Allnighter. Trotz Alledem Theater. Ausdruckstänzerin. Hennarot. Ohrenklunker. Zu klug für den Therapeuten, zu dumm fürs Leben. Großer Kopf mit Frisur. Hautausschlag, wenn du vor der Welt wegrennst. Endlich meine Kragenweite. Hier bleiben? Neu erfinden. Afghanisches Kleid mit Teppich auf der Brust. Lügen auf langen Beinen Richtung Süden. Richtung Osten. Richtung Norden. Jaguar Rekord. 2 Stunden von Tür zu Tür. Elbbrücken nicht Elbtunnel. Jim Beam im Transit Shop. Lass sie doch alt werden. Wo? Irgendwo in der Mitte.

FLINGERN FEHLT (UM DEN TEUTO IN CA 50 STÄDTENAMEN)

Florian Kirchhof

Ich bin, glaube ich, der einzige nicht aus Bielefeld stammende Bielefelder, der sich je zu Bielefeld bekannt hat. Ich musste, denn ich hatte mir Bielefeld ausgesucht, weil bei John Peel (Anhänger von Ipswich Town) immer Konzerte in Enger und Detmold annonciert wurden. Allerdings wusste ich, als ich Bielefeld aussuchte, noch nicht, dass Mark E. Smith mal in Berlin nach ca. 10 Wernesgrünern sagen würde, dass Bielefeld ihn an Manchester erinnere. Peel im Sinn schien Bielefeld jedenfalls weit besser als Holzbüttgen-Vorst, wo ich beinahe aufwuchs, oder Herne, wo ich gemeldet war. Vor Ort merkte ich aber, dass Bielefeld nur bei denen nicht noch vor Herne auf der Rangliste uncharismatischer Städte stand, die nicht wussten, dass Wanne-Eickel ein Stadtteil von Herne ist. Nach 2 Jahren wurde ich wieder expatriiert, als ich einem Musiker aus Jöllenbeck auf einer sogenannten Westendparty 2 Bier und 1 Zigarette entwandte, woran man seines Erachtens den Düsseldorfer (Frohnatur! Das Geld der Westfalen vertrinken!) erkannte. Um diese offenbar vorteilhafte regionale Zuordnung zu erhalten, trank ich fortan schales Schlösser in Sudbrack oder untragbares Korschenbroicher Alt in der Schloßhofstraße. Hunteburg lachte wenig später bei einem Pilzgericht in Werther jemanden aus Halle (nie ohne Westfalen) aus, weil der den Dancefloor in Ostwestfalen etablieren wollte. Der kam dann aber doch, die Bielefelder verlassen ihre Stadt trotzdem nach Hamburg, Wien oder Berlin, um nicht mehr stigmatisiert zu sein und verleugnen ihre Herkunft. Allenfalls schauen sie auf die eigenen Ortsteile Deppendorf und Schrötting- (vulgo: Schrott-) hausen herab. Da lobe ich mir eine steirische Gemeinde, die mit ihrem stigmatisierenden Namen offensiv umgeht und den Durchreisenden reimend „Grüß Gott in Edelschrott" begrüßt.

Andere Regionen als OWL werden aus wirtschaftlichen Gründen verlassen, so etwa das heute noch umfassend verminte Ostslawonien, diese Leute verleugnen ihre Herkunft aber nicht, wie etwa ein Polizist in Zagreb, der mir gegenüber Osijek die schönste Stadt der Welt (vor dem Krieg, womit in Kroatien nicht einer der Weltkriege gemeint ist) nannte (nach ausreichend Fis Papikas und Schnaps eine vertretbare Auffassung). Agram ist im übrigen eine sehr schöne Stadt in Westslawonien, die erwähnten Hunteburgs These bestätigt, dass Bielefeld Blaupause für alle europäischen klein- und mittelgroßen Großstädte ist, deren städtebauliches Soulfood in AJZ und Sparrenburg (bzw. den lokalen Entsprechungen) besteht (wobei wir aber das Forum in Enger meistens dem Arbeiterjugendzentrum vorzogen und nie im Innern der Sparrenburg waren). Zagreb hat mit Kset und Mocvara gleich zwei AJZs, dennoch meinte ein Freund aus Dalmatien, dass Zagreb nur so gerade erträglicher als Rijeka oder Split sei. Diesen Minderwertigkeitskomplex teilt er offenbar mit Bielefeldern, nur schwärmte er nicht von Hamburg, Wien, Berlin, sondern von Amsterdam. Dabei waren wir selbst schuld, hatten wir uns doch an dem Abend gegen die zwei AJZs und gegen eine Poolparty in Djakovo entschieden und saßen blöd in einer neu eröffneten Kneipe, der in Bielefeld oder Mönchengladbach ein Gasthaus namens Banane entsprechen würde. Mönchengladbach ist insgesamt recht banane wie sonst vielleicht nur Osnabrück, immerhin aber die für slawische Deutschlernende am schwersten auszusprechende Mittel- bis Großstadt (wenn das Wort „Knäuelglockenblume" eine Großstadt bezeichnete, wäre diese auf Rang 1).

Das dritte Blaupausencharakteristikum klein- und mittelgroßer Großstädte und gleichzeitig landschaftliche Soulfood Bielefelds ist übrigens der Teutoburger Wald. Vielleicht bin ich also nie nach Ulan Bator zurückgegangen, weil es dort zwar ein AJZ (namens Joseph Beuys Arts Cafe), aber ein echtes Gebirge und kein Mittelgebirge und schon gar keine Burg gab (die Mongolen ließen sich schon im 13. Jahrhundert beim Brandschatzen nicht von Burgen beeindrucken und haben deren Sinn daher bis heute nicht verstanden; bis zur Sparrenburg sind sie ohnehin nie vorgedrungen – siehe auch unter Liegnitz). Vielleicht bin ich von Debrecens Bad Rothenfelde Hajduszoboszlo nicht nach Debrecen weitergefahren, weil es in Debrecen weder Teutoburger Wald, noch AJZ, noch Sparrenburg geben soll. Vielleicht bin ich nie länger als 3 Wochen in Pecs geblieben, weil die dortige Sparrenburg ein frühchristlicher Dom und der Wein im Papuc für AJZ-Zungen viel zu gut ist. Vielleicht werde ich auch Ljubljana verlassen, weil es hier zwar den schönsten Teutoburger Wald und sonst noch alle vorstellbaren europäischen Landschaften außer niederrheinischer Zuckerrübenterasse im Umkreis von 20 km gibt, ich aber noch kein AJZ gefunden habe. Andererseits wäre das auch wieder Quatsch, weil im slowenischen Kras (Karst) zwischen Ilirska Bistrica und Matenja Vas auch solche Dörfer ein AJZ haben sollen, deren Einwohnerzahl unterhalb der der Sparrenburg (ohne Brackwede) im Mittelalter liegt. Ein exemplarischer Hüttenwirtssohn aus Sviscaki: „Kras is punkrock heartland". Und der Rotwein aus Dutovlje und Coljava ist schlicht besser als das Bier aus Herford und Paderborn. Die Teutos von Jesenice bis Tirana sind sowieso die besten. Velebit galore.

KOCHSCHINKEN
IN BELIEBIGER MENGE

Jens Kirschneck

Als das Unglück hereinbrach, geschah dies an einem ohnehin scheußlichen Tag. Anthrazitfarbene Wolken hingen schwer über der Sparrenburg, das Thermometer zeigte einen Wert an, der die Jahreszeit verspottete, als meine soeben bei ALDI erworbene, nagelneue Digitalwaage 90,2 Kilogramm anzeigte. Die Schallgrenze... Ich sackte zusammen und begann zu zittern. Immerhin war es der zweite Nackenschlag innerhalb weniger Tage. Erst am letzten Sonntag hatte ich im Kreise meiner Wilde-Liga-Elf gejammert, dass es mit dem Torerfolg nicht mehr so sei wie früher. Das war ihnen ebenfalls aufgefallen. Oft fehlte ein entscheidender Zentimeter, um vor dem Gegenspieler am Ball zu sein, was nicht nur physische Ursachen zu haben schien. Ganz offensichtlich mangelte es auch an jenem Quäntchen geistiger Frische, dass mich einst zum Schrecken der Bielefelder Strafräume werden ließ.

Als ich meine Litanei beendet hatte, runzelte mein Mitspieler R., ein neunmalkluger Geselle, gedankenvoll seine Stirn und sagte: „Du bist gealtert."

„Was du nicht sagst", meinte ich.

R. aber ließ sich nicht beirren und erläuterte mir eine Theorie, die er neulich in einer Illustrierten gelesen habe. Wenngleich es sich seinen Worten nach nicht um eine Theorie, sondern um eine abgesicherte Erkenntnis handelte. „Es ist wissenschaftlich erwiesen", hob er an und wedelte belehrend mit dem Zeigefinger,

„dass der Mensch nur ungefähr alle sieben Jahre altert, dann aber richtig. Ich fürchte, genau das ist dir gerade passiert."

Ich blickte ihn betont verständnislos an, doch im selben Moment kroch mir eine dumpfe Angst in die Eingeweide. Wenn er recht hatte, war ich offenbar innerhalb weniger Wochen vom Spätpubertierenden zu einem Kandidaten für die Vorruhestands-regelung geworden. Ich versuchte, meiner Stimme einen lässigen Ton zu verleihen, als ich fragte: „Und was bedeutet das genau? War ich vielleicht sieben Jahre lang 30 und muss jetzt die Zeche bezahlen? Oder aber..." – auf meiner Stirn bildete sich ein Schweißfilm, der nichts mit körperlicher Anstrengung zu tun hatte – „oder aber bin ich plötzlich 44 geworden?"

R. sah mich an, als wolle er sich erst ein Urteil bilden, dann antwortete er: „Äh... keine Ahnung."

Es war auch egal. Der Zeit kann niemand entfliehen. Wer das versucht, kann sich ja gleich Don Quichotte nennen und an Windmühlen herumkaspern. Anders verhält es sich mit dem Gewicht. Da stand ich nun vor der Personenwaage der Marke Tronno und träumte von Zeiten, als ich (jünger, dünner) die Bälle reihenweise in den Torgiebel gejagt hatte. Es musste etwas geschehen. Um nicht falsch verstanden zu werden: Weder wollte ich aus einer Mücke einen Elefanten, noch aus einem Pygniker einen Leptosomen machen. Denn das hat sowieso keinen Zweck und endet mit Tränen. Als warnendes Beispiel diente mir stets mein Mitbewohner, der – obwohl eigentlich akzeptabel propor-tioniert – alle paar Monate auf die Idee kam, er sei zu fett, und der sich bei seinen Bemühungen an einem Foto aus seiner Teenager-zeit orientierte, wo er stolz wie Oskar neben einer Vespa stand und den Blick nachwuchswomanizermäßig in die Ferne schweifen ließ. „Damals, mit 68 Kilo, das waren noch Zeiten", schwärmte der Mitbewohner. Es war offensichtlich, dass er das Problem nicht bemerkte. Mein Mitbewohner ist nämlich im Besitz einer Statur, die ihn für, sagen wir mal, 82 Kilogramm prädestiniert. Alles an ihm ist dafür wie gemacht, nicht zuletzt auch sein großer Kopf. Der Typ neben der Vespa aber sah aus, als hätte man sein Haupt mit einem nicht dazu passenden, mageren Torso verschraubt, was ein Gesamtbild ergab, das an ein noch nicht ausgereiftes Klonexperiment denken ließ, wahlweise an eine Invasion von Außerirdischen in den späten sechziger Jahren, wobei die Aliens ihre Brut offenbar Kleinfamilien im Raum Verl untergeschoben hatten. Gott sei Dank hat mein Mitbewohner die 68 Kilo niemals wieder erreicht, allein schon, weil er nach spätestens einer Woche regelmäßig einem Schwächeanfall erlag, eine Zehnerschachtel Freilandeier in der Pfanne verrührte und mit einem halben Pfund Speckstreifen verschnitt. Danach stand er jedes Mal vor dem Vespa-Foto und schüttelte traurig seinen großen Kopf. „Ist besser so", pflegte ich in diesen Fällen zu sagen, doch er sah mich nur komisch an.

Meine eigenen Ziele würden realistischer sein. Ich wollte mein altes Kampfgewicht von 80 Kilogramm zurück, nicht mehr und nicht weniger. Es war ja nicht nur der Fußball. Ausschließlich lange, schlabberige Oberbekleidung zu tragen, weil der oberste Hosenknopf nicht mehr zuging, war eine Demütigung, mit der man sich im Seniorenheim abfinden konnte, aber nicht mit 37. Oder 44. Wie auch immer. Außerdem war da noch die Sache mit der sexuellen Attraktivität. „Du bist gerade richtig so", war ja der stereotype Satz von Liebhaberinnen wie platonischen Bekanntschaften, doch man muss kein Meisterpsychologe sein, um zu ahnen, dass das nicht so gemeint ist. Und hinter meinem Rücken... man weiß, wie die Leute so reden. Aber denen würde ich es zeigen. Die würden sich umgucken, denen würde Hören und Sehen vergehen, ganz sicher.

Blieb die Frage der Strategie. Irgendeine Brigitte- oder Petra- oder Elfriede-Diät kam nicht in Frage, weil: zu aufwendig. Und auch zu albern. Es musste schon etwas Radikales, Charismatisches sein, sonst war die Motivation schnell im Eimer. Mein Bekannter G. empfahl eine Fastenkur, doch das war zu radikal. Da bestand die Gefahr, dass man auf offener Straße plötzlich die Kontrolle verlor und Pensionäre anknabberte, und dann kam man ins Gefängnis und wurde gezwungen, den fettigen Anstaltsfraß zu essen, und das ganze Projekt lag in Scherben. Ich wollte bereits verzweifeln, da schneite mir die Lösung ins Haus. Irgendwer hatte das Ding mit zu einem Verwandtengeburtstag gebracht – ein schäbiger DIN-A-4-Zettel, an dessen oberem Rand mit (haha) schlanken Worten geschrieben stand: „Max-Planck-Institut für Ernährung – DIÄT". Diese Diät bediente sich einer Methode, die als Trennkost bekannt ist, eine ernährungswissenschaftliche Idee, die davon ausgeht, dass Kohlenhydrate und Proteine nicht gut miteinander können, weshalb sie einander im Körper in allerlei Scharmützel verstricken, statt brav zu verdauen. Folglich dürfen Kohlenhydrate und Proteine nur getrennt voneinander konsumiert werden. Die Max-Planck-Diät konzentrierte sich gleich ganz auf Proteine und schickte die Kohlenhydrate für zwei Wochen ins Exil.

Heute denke ich, ich hätte misstrauischer sein sollen: Dem berühmten Max-Planck-Institut war offenbar das Briefpapier ausgegangen, und so hatten hochdekorierte Ernährungskoryphäen ihre Wunderdiät auf einem kargen Stück Altpapier verschriftlicht, mit Hilfe einer Schreibmaschine, bei der die Type des „r" nach unten weg gerutscht war. Heute weiß ich auch, dass die Wirksamkeit der Trennkost, vorsichtig formuliert, sehr umstritten ist. Damals aber war ich einfach nur blind und euphorisch. „Hält man sich peinlich genau an die Vorschrift", behauptete der Wisch, „so verliert man in zwei Wochen bis zu neun Kilo Gewicht. Durch diese Diät tritt eine Stoffwechselveränderung ein und man nimmt drei Jahre lang nicht mehr zu." Das klang nach einem echt guten Deal. Zwei Wochen bis zum Kampfgewicht. Und danach hoch die Tassen, und alles blieb gut.

Ich studierte den Plan. Es fing sehr verträglich an. Am Montag morgen nur schwarzer Kaffee, okay, aber mittags Spinat und zwei Eier, abends ein Steak und grüner Salat. Zwar waren außer dem morgendlichen Koffein und Wasser in rauen Mengen keine weiteren Getränke vorgesehen, schon gar kein Alkohol, aber Herrgott: Ich war ja kein Trinker. War ich doch nicht, oder? Am Dienstag morgen würde es zum Kaffee sogar ein trockenes Brötchen geben, am Mittag wieder Steak und Salat. Was mich irritierte, war der Menüplan fürs Abendessen: „Kochschinken in beliebiger Menge." „Stell dich nicht so an", sagte mein Mitbewohner, „es gibt Schlimmeres als ein Kochschinkenbrot." „Nein, nein", sagte ich, „ohne Brot." Mein Mitbewohner kratzte sich am Kopf. „Wie, ohne Brot…?" Ich erklärte es ihm. „Das ist ja eklig", sagte er. „Ja", sagte ich, „da hast du recht." Danach ging ich einkaufen. Ich wies die Wurstfachverkäuferin an, mir einige riesige, bestimmt einen Zentimeter dicke Scheibe Kochschinken abzuschneiden. Sie sah mich an, als wollte ich damit bizarre sexuelle Praktiken ausüben.

Alles in allem kam ich gut durch die ersten zwei Tage. Salat nicht mit Olivenöl, sondern mit Magermilchjoghurt anzumachen, war ein gourmettechnisches Sakrileg, aber es brachte mich nicht um. Spinat habe ich noch nie mit so großem Appetit gegessen wie an jenem Montag. Sogar das Kochschinken-Gemetzel habe ich überlebt, wenngleich das Experiment kurz nach der Hälfte abgebrochen werden musste. Von wegen Kochschinken in beliebiger Menge, von wegen, der Hunger treibt's rein. 200 Gramm, und der Türsteher am Mageneingang sagt Feierabend und dreht den Schlüssel um. Ich ging hungrig ins Bett und träumte, ein frischer Laib Brot gäbe sich dem Liebesspiel mit einer üppigen Kartoffel hin. Später trafen sie dann ihre Freunde, die saftigen Bandnudeln an Pilzragout, und guckten Bioleks Kochstudio.

Die eigentliche Krise begann am Mittwoch. Mittags gab es Salat, abends gab es Salat mit… Kochschinken. Als ich fertig gegessen hatte, klagte mein Körper Brennwerte ein, von denen er nicht ahnte, dass es sie an diesem Tag nicht mehr geben würde. Um mich abzulenken, ging ich zu meinen Nachbarn und sah mir ein Fußballspiel an. Ein Flasche Rotwein stand auf dem Tisch. Die Nachbarn nippten routiniert und ohne besonderen Genuss an ihren Gläsern. Ich blickte kaum auf den Fernseher, sondern fixierte die Weinflasche. Ihr Inhalt erschien mir unendlich begehrenswert. Einer der Nachbarn holte eine Tüte Erdnussflips aus der Küche. Ich erhob mich wortlos und ging.

Der nächste Morgen war hart. Die Stunden nach dem Frühstück – besser: dem trockenen Brötchen – zogen sich wie Kaugummi. Ach, Kaugummi... Überhaupt: Zucker. Zum Lunch gab es ein gekochtes Ei, ein kleines Stück Käse und eine Möhre. Ich begriff, dass das Geheimnis dieser Trennkost nicht Trennkost war, es war: Askese. Die Abstinenz von allem, was mir lieb und teuer schien. Das Einzige, was mich am Leben hielt, war der Blick auf die Waage. Am Ende der ersten Woche hatte ich vier Kilo abgenommen. Hoch gerechnet auf die ganzen 14 Tage waren das acht Kilo. Ein süßer Triumph zeichnete sich an einem immer noch fernen Horizont ab.

Zunächst jedoch ging alles noch mal von vorne los. Als der Dienstag kam, erwog ich, zum Bahnhof zu gehen, Heroin kaufen, damit ich den Kochschinken ertrug. Ich kaufte kein Heroin, weil ich feige bin. Der Kochschinken tat noch mehr weh als beim ersten Mal. Das Brot und die Kartoffel aus meinem Traum brieten Alfred Biolek kräftig an, übergossen ihn mit einer Käse-Sahnesauce und tafelten fürstlich. Und was das Schlimmste war, auf einmal spielte die Waage verrückt. Kaum mehr ein Gramm addierte sich zu den vier verlorenen Kilos. An Bloody Mittwoch, dem Salattag, dem härtesten der gesamten Woche, habe ich sogar 0,2 Kilo zugenommen. Ich dachte darüber nach, mich auf die Bahnschienen hinter meinem Haus zu stürzen, doch wer zu feige zum Heroinkauf ist, dem fehlt es auch an der Courage für den ehrlichen Schnitt in der Biographie.

Das alles ist einige Monate her. Es ist bei vier Kilos geblieben, von denen drei mittlerweile wieder da sind, doch dieses eine, das verteidige ich wie eine Löwin ihr Junges. Ich habe bei meinem Fußballteam den Antrag gestellt, die Elfmeter schießen zu dürfen, auf diese Weise kommt auch noch ein altes Dickerchen auf seine Quote. Die Waage Tronno vergammelt auf dem Dachboden, denn ihr mechanischer Vorgänger zeigt zwei Kilo weniger an. Das Leben ist kreisförmig, alles geht seinen Gang. Außer, wenn ich Kochschinken sehe. Dann beginne ich zu schreien.

KAFF KAESMEN

Naatz (der)

Einen Kafka hat Bielefeld nicht hervorgebracht. Dennoch kommt heutzutage jeder aus der langweiligen kleinen Stadt, die wenige Kilometer von der selbsternannten Metropole Osnabrück entfernt liegt. Da war ich in jungen Jahren einmal Vizekönig, was sich aus der schieren Tatsache ergab, dass mein lieber Freund Holger Besuch König war. Herrscher über eine Horde selbsternannter Szenekindergrößen. Egal, der eigentliche König war mein damaliger, mich ablehnender Vermieter. Der schaute aus wie Ranicki, fürchtete jedoch, ich könne des nachts heimlich auf seinen Dachboden schleichen. Weshalb er darob verzweifelte, vermag ich nicht zu ermessen.

Nach Bielefeld zog es mich nie, dennoch verbindet mich mit dem Kaff, dem eine Reihe verwirrter Jungschriftsteller entspringt, eine erniedrigende Episode. Tuberkulose haben sie nicht, die Semiprominenten Bielefelds, die heute alle in Berlin hausen, doch sicherlich Ärger mit dem Amt, wie es auch Kafka hatte, wenngleich der amtlich war. Gestern und heute.

Es war um 1978 herum, da ich im verhassten Turnverein einer kleinen, nicht näher zu beschreibenden Einöde wirkte. Eines Morgens entschied der Trainer, wir sollten einmal in Bielefeld halsbrecherische Kapriolen üben, da es dort eine Schnitzelgrube hatte. Ich entbrannte vor Begeisterung. In den 70ern war nicht Kafka, jedoch das Zigeunerschnitzel amtlich und ich glaubte, eine sinnlose Herumstreunerei nach Bielefeld würde meinen Hunger nach dieser Delikatesse stillen. Da wir automobil in Bielefeld eindrangen, schaute ich zunächst ein Gewirr obskurer Autobahnbrücken.

Einige Zeit später tauchte die Turnhalle auf und ich begriff, hier wird kein Zigeunerschnitzel serviert. Hier bist du selbst der Maitre und für dein körperliches Wohl zuständig, denn sollte man sich den Hals brechen ob des absichtlich herbeigeführten Sturzes, koppheister in die Schnitzelgrube, übernahm kein unbekanntes Amt die Verantwortung. Eine Schnitzelgrube ist ein großformatiges, nicht ovalrundes, jedoch rechteckiges, Loch im Boden der Turnhalle. Gefüllt ist es mit einer Plethora kleinstgeschnittener Schaumstofffitzel, die dazu gut sind, den Sturz abzufangen. Der Sturz, eine Art kontrollierte Bruchlandung, in der Weise, wie Navypiloten ihre F-18 harsch auf's Flugdeck setzen, ist in meinem Fall der rhythmische Anlauf, gefolgt von der Radwende und der letztlichen Levitation des eigenen Leibes zum Doppelsalto Rückwärts hin. Da ich nurmehr die einfache Variante, die recht einfach ist, beherrschte, und nie genügend Dienstgipfelhöhe zur Vollendung eines Doppelten (der mir nach dem Schock dieser Erfahrung verweigert wurde, da ich mit 13 zu jung für alkoholische Medikation war) erreichte, schien mir der Sturz in die Grube vernünftig. Ich lief also an, vollführte den ein wenig homosexuell anmutenden dreischrittigen rhythmischen Anlauf in Vollendung, radwendete, hob ab und riss im Vertrauen auf meine angeborene Sprunghaftigkeit die Knie zur Brust, umklammerte jene mit den schmächtigen Ärmchen und drehte einher, dass es eine Art war. Auf halben Wege war der erste Salto, dem nun unweigerlich der zweite, weitaus riskantere folgen sollte, getan. Statt „aufzumachen", behielt ich die abscheuliche Sitzgeburtshaltung bei und drehte mich vorschriftsmäßig ein weiteres Mal im Äther wie es meine Bestimmung war. Der Aufprall in die warme und weiche Umarmung der Schnitzelgrube erwies sich als nicht gerade sanft. Aufgrund einer, vermutlich angeborenen, Nackeninsuffizienz, verriss ich mir das arme Genick, derweil mein der Schwerkraft Tribut zollender Leib niederkam. Ich tauchte etwa 1,5 Meter in die Grube ein, vernahm ein unangekündigtes Knack im Nacken und verschwand in den Untiefen des Aushubes. Drunten hatte es eine Tinitusstille, dass es zum Erbarmen war. Die Stille dröhnte mir wie das Pfeifen eines übereifrigen Stationsvorstehers einer kleinen unbedeutenden Bahnstation in den Ohren. Als sei es des Vorstehers erste Bürgerpflicht, dem grausamen Lokomotivführer mittels extremem Gepfeifes zu bedeuten, er könne sich diesen Bahnhof einmal und für alle Zeit merken; so unbedeutend er war, müsse man halt diese Eigenart durch übermäßige Lautstärke kompensieren. Drunten war es stockfinster. Sofort legt sich eine seltsame Schwere auf einen und man bekommt wenig Atemluft. Kurz bevor die Panik unweigerlich einsetzt, gräbt man sich jedoch wie ein automatisierter Maulwurf aus der Misere und taucht glücklich am Rande der Grube auf, wie Flipper, der zu lange Schabernack unter Wasser trieb und erst durch Buds Hupe erinnert wird, es sei an der Zeit, Luft zu schnappen. Dass meine Lieblingsserie „Flipper" ein ungeheurer Unrat war, stellte ich allerdings erst Jahre darauf fest, da SAT.1 sich darin hervortat, diesem Schmonzes eine Wiederholung beikommen zu lassen. Porter Ricks, Buds und Sandys Vater, quatschte immer einen Offkommentar zwischen die Handlung und als ich vernahm, wie er sagte: „Flipper fragt seinen Freund, den Pelikan Pete, ob er des verlorenen Brillantenarmbandes ansichtig geworden sei", war es aus mit meiner Liebe zu marinen Säugetieren aller Arten.

So hatte ich Bielefeld also beinahe zu den Akten gelegt, eine ob meiner ungesunden Erfahrung, verständliche Regung, als mein lieber Freund Ruthe, mehr denn zwanzig Jahre später anrief, mir zu meinem Ehrentage zu gratulieren. „Herzlichen Glückwunsch", beschied er mir artig. Ein seltsames Schweigen seinerseits folgte. Die erniedrigenden Geräusche seiner Umwelt besagten mir, er hielt sich wohl in einem Schnellrestaurant auf. Tatsächlich bestätigte der gute Freund und ich konnte seine Bestellung mithören. „Pommes mit Mayo, einen Big Mäc." Wieder hielt er inne. „Und einen Cheeseburger für den Naatz." „Den wer?" eine Mädchenstimme, offensichtlich einer minderbemittelten vierzehnjährigen Mutter eines unehelichen Kindes zugehörig, die sich am Tresen verdingen musste. Ich bin dieser Spezies begegnet, ich weiß beileibe, wovon ich spreche. „Einen Cheeseburger für den Naatz", konstatierte Ruthe erneut. Die MacMagd tat wie ihr geheißen. „Ich werde ihn dir auf dem Postwege zukommen lassen", versprach Ruthe und ich bedankte mich artig. Zwei Tage darauf sollte das cholesterine Artefakt ankommen. Ich öffnete das Papier begierig und fand den Burger vor. Flugs senkte ich meine Zähne in das kalte Fleisch und kaute und schluckte, dass es eine Lust war. Das jedenfalls berichtete ich Ruthe, dem aufgrund meiner Schilderung beinahe übel wurde. Ich lachte harsch auf. Es war eine Lüge gewesen. Mehr als zwei Dekaden nach meinem Höllensturz hatte ich mich an Bielefeld gerächt. An einem seiner Einwohner genauer gesagt.

Jahrelang hatte ich Pläne geschmiedet, die Schmach meines Seven-Twenties auszumerzen. Bielefeld hatte mir wehgetan. Ruthe, mir vergammeltes Rindfleisch zukommen zu lassen! Und doch gelang es mir, aus nur zwei Umdrehungen heraus, dem Freunde eine Lektion zu erteilen. „Habe Artefakt mit gutem Appetit verspeist." Es tut mir fast Leid, einem Freunde eine Beinahe-Umkehrperistaltik zugefügt zu haben, doch mein damaliger Schmerz wandelte sich in Freude. Freude ob des gelungen Scherzes. Begeisterung ob meiner Vermutung, Ruthe werde davon ausgehen, ich würde den Burger nicht verspeisen, da er sich infolge eines vorschriftsmäßigen Bakterienbefalls während der Reise in ein ungeheures Ungeziefer verwandelt. „Wes Brod ich ess...", jubilierte ich und war begeistert ob meiner intellektuellen

Anspielung. Da machte mir einer den Proceß und ich ess' sein Brod. Donnerwetter.

Bielefeld als Ausgangspunkt eines sinnlosen Fragmentes einer noch sinnfreieren Erfahrung. Kaff Kaesmen eben. Doch damit nicht genug. Ich verweigerte mich einige Jahre nach meiner Schnitzelgrubenerfahrung der frischfrommfreien Vorturnerei und war es zufrieden. Der obligatorische, vor einer jeden Wettkampf- übung vorschriftsmäßig auszuführende Hitlergruß an die Greise des Kampfgerichtes hatte mir nie behagt. So baute man geistige Autobahnbrücken (sic!) zwischen den unterschiedlichsten Gene- rationen. Da steht man schmächtig und von Grausen ob der anstehenden Pflicht oder Kür an Reck, Ringe, Boden, Barren, Seitpferd, Pferdsprung in Angstschweiß gebadet vor dem Kampfgericht und hebt fröhlich die Rechte, auf dass die Herren Punktrichter mit dem Kopf nicken wie ein Alzheimerpatient. Ich erinnere mich nicht, ob ich jemals in Bielefeld an einem Wettkampf teilnahm. Alles, was mir blieb, waren die alle Jahre wieder zum Vorschein kommenden Gedanken an die kleine Stadt mit dem tiefen Loch in meiner Erinnerung.

Es mag paradox erscheinen, doch man erinnert sich ja nicht aus freien Stücken an diese Episoden. Unentwegt trifft man auf Ge- stalten, die einem unaufgefordert von ihrer bielefeldschen Pro- venienz berichten. Heutzutage kommt ja jeder aus Bielefeld. Auch diejenigen, die nicht aus Bielefeld stammen. Sie kennen jedoch die anderen und treffen sich in Clubs und bescheinigen sich ihres Bielefelds der Ehre und trinken sich in jenen Etablissements, da der Ostwestfale am Leben zerscheitert, um den Verstand. Un- längst war ich einmal im „Enzian". Dort wohnt ein Mann, der als der Wahre Heino bekannt ist. Ein guter Kerl. Er bewirtet all jene Bielefelder und ich traf Herrn Begemann, ein Hamburger, sicherlich, doch was unterscheidet den Hamburger vom Cheese- burger? Ein minderes Lächeln nur. Und schon können Sie, lieber

Leser, liebe Leserin, stante pede nachvollziehen, worauf ich hier anspielen möchte.

Begemann trank ein Bier und sagte, im Aufbruch begriffen: „Wenn ich 'ne Frau wäre, würd' ich denken, Naatz sei der geilste Fick der Stadt." Seltsam. Felice Bauer dachte vermutlich dasselbe von Kafka. Ich jedoch sage, beide irren sich. Bei mir weiß ich Bescheid. Die langweiligste aller sexuellen Stellungen wurde nach mir benannt: die „Monsieur-Naatz-Stellung". Bekannte berichteten mir regelmäßig von aufregenderen Varianten der unsittlichen Verpaarung, die allerdings so seltsam waren, dass man sie getrost als kafkaesk bezeichnen könne.

Womit der Kreis sich schließt. Für mich und Kafka. Doppelt sozusagen, wie der zweifache Salto Rückwärts, der Bielefeld für meine Virilität bedeutete. Ich fühle mich noch immer wie das arme, an Leibesübungen gescheiterte Kind von 1978. Einen Kafka hat Bielefeld nicht hervorgebracht, für mich jedoch einen noch immer nicht abgeschlossenen Proceß. Vermutlich sollte ich das Zölibat aufgeben.

BIELEFELD WÄHREND MEINER ABWESENHEIT

Wolfgang Müller

Wolfgang Müller ließ sich von Bielefelder Freunden Werbeprospekte, Stadtzeitungen und Infomaterial aus Bielefeld zukommen und wählte aus dem Material Ereignisse, Veranstaltungen, Orte, Anpreisungen, die in seiner Abwesenheit stattfanden, zu sehen oder zu lesen waren. Daneben erweiterte er die Stadtbahn um die Linie 5, die nach dem Vorbild des Berliner S-Bahnringes das Netz um die Stadt schließen könnte.

Sepia und Tinte auf Transparentpapier, A 4.

1. Germanisches Kampfgepäck
2. Das Kronkorkenprofil
3. Weltklasse Event
4. Die geplante Stadtbahnlinie 5
5. Family Fun Center
6. Schick und Schickeria
7. Ausstrahlendes Haus für Frauen
8. Immer was los
9. Bielefelder Modelnight

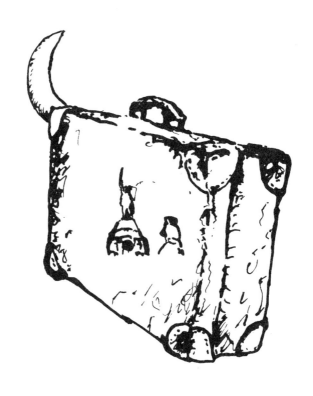

— Bielefeld während meiner Abwesenheit —
Germanisches Kampfgepäck
Wolfgang Müller 2003

Bielefelder Knproßl

Bielefeld während meiner Studenzeit?

Der Kronkorkenprofß?

Wolfgang Müller 2003

Bielefeld wird eine Abrundheit
— Weltklasse Event —
Wolfgang Hohne 2003

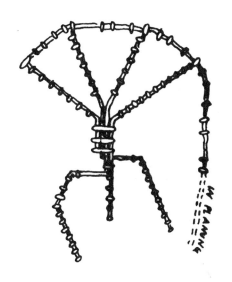

– Bielefeld während meiner Abwesenheit –
Die geplante Stadtbahnlinie 5
Wolfsburg Nov. 2003

Bielefeld *während meines Aufenthaltes*
— Family Fun Center —
Wolfgang Nier 2003

SCHICK UND SCHICKERIA

Bielefeld während meines Abiturs (?)
– Schick und Schickeria

Wolfgang Herr 2003

go!

– Bielefeld während meiner Abwesenheit –
Ausstrahlendes Haus für Frauen
Wolfgang NRW 2003

Bielefeld während meiner Abwesenheit
– Immer was los –
Wolfgang Müller 2003

BIELEFELDER

MODEL NIGHT

-Bielefeld während meiner Abwesenheit-
Modelnight
Wolfgang Funke 2003

DAS GROSSE SCHWEIGEN

Silke Wollgarten

„Wer übel schwätzt, verliert ein gutes Schweigen!" lautet ein altes Sprichwort, dessen Urheberschaft sich allerlei Völker in verschiedenen Weltgegenden rühmen, denen gemeinhin eine besondere Begabung für das Aufspüren und Formulieren von Weisheiten zugetraut wird.

Ein kurzer Aufenthalt in Bielefeld verleitet den Besucher allerdings zu der Vorstellung, dass diese Weisheit in Wahrheit ihren Ursprung in dieser Stadt haben muss, weil hier nahezu keine Schweigensverluste zu beklagen sind. Bei genauerem Hinsehen kann man indessen feststellen, dass es hier gar nicht um das Schweigen, sondern vielmehr um einen ungezwungenen Umgang mit der Notwendigkeit zur Kommunikation geht.

Hier sind gesellschaftliche Konventionen, die Menschen zur Interaktion zwingen, weitgehend außer Kraft gesetzt. Bielefeld ist vor allem eine Stadt in der man nicht sprechen muss, und damit eine Oase der sozialen Ruhe. Auch der von Natur aus schüchterne und unlässig veranlagte kann hier lässig und entspannt sein, was sich insbesondere dem Umstand verdankt, dass er zu keinen spontanen Gefühlsäußerungen, die extrovertierte Aufgeregtheit erfordern, gezwungen wird.

Als Beispiel sei von der Rückkehr eines Bielefelder Rodelprofis nach einer gewonnenen Weltmeisterschaft berichtet. Dessen siegreichen Kollegen aus anderen Städten wurden von einer, der Popularität dieses Sports angemessenen, tosend-begeisterten Menschenmenge in ihren Heimatstädten empfangen. Bürgermeister schüttelten

Hände, Jugendliche standen um Autogramme an undsoweiterundsofort. Der Bielefelder hingegen kehrte in seine Heimat zurück – und blieb von jeder außergewöhnlichen Aufmerksamkeit gänzlich unbehelligt. Kein Empfang, kein Jubel. Der Glanz des Sieges: folgenlos in Bielefeld! Was dem Außenstehenden nun unaufmerksam, vielleicht sogar herzlos und gemein erscheinen mag, ist aber nach einheimischem Dafürhalten durch und durch verstandesgesteuert und gutwillig. Der Grund für dieses Verhalten liegt in dieser, dem Bielefelder Charakterfundament eigenen Gewissheit darüber, wie enorm unangenehm dem Empfänger zwar nicht ein solcher Jubel an sich, wohl aber die Notwendigkeit ist, darauf reagieren zu müssen. Darüber hinaus ist auch das Jubeln als solches keine in Bielefeld besonders beliebte Tätigkeit. Deswegen ist es für alle Beteiligten zweifelsohne besser auf den Jubel zu verzichten.

Dieser außergewöhnliche Schutz vor Spontanreaktionen endet nicht an der Stadtgrenze. Man kann Bielefeldern, die man vom Sehen kennt, in fremden Städten begegnen, ohne dass man in die Verlegenheit geriete, plötzlich und unvorbereitet auf sie reagieren zu müssen. Zumeist endet das überraschende Zusammentreffen von Bielefeldern in einer fremden Stadt damit, dass sie sich nicht gesehen haben.

In geschickter Weiterentwicklung der Fertigkeit, spontane Reaktionen zu vermeiden, hat man in Bielefeld gelernt, die wichtigsten Dinge des Lebens aus Gesichtsausdrücken abzuleiten – und so riskante Direktkommunikation zu vermeiden. In der Zeitung fand ich einen Artikel von einem Bielefelder Fußballexperten über die Aufstiegschancen der Arminia. Grundlage seiner Prognose war das Minenspiel des Co-Trainers bei Fernseh-Interviews vor Saisonbeginn. Man stelle sich ein Bielefelder Lokalfernsehen vor, das unter den neidvollen Blicken des Restes der Republik ganz ohne Waldemarhartmannidioteninterviews auskäme. Es ist möglich.

DEREN TAGE NICHT WIEDERKEHREN

Katja Striethörster

Das Leben des bürgerlichen Provinzmädchens ließe sich der Einfachheit halber in drei Phasen einteilen: Prä-Bielefeld, Bielefeld und Post-Bielefeld. Veamos:

1

Prä-Bielefeld: Aufwachsen in der ostwestfälischen Provinz. Die ersten Lebensmonate spielen sich im Schoße der Kleinfamilie ab, Haus und Garten sind die Welt. Später kommt die Nachbarschaft hinzu, samt Häusern und Gärten. Später dann katholischer Kindergarten, städtische Grundschule und Kreisgymnasium, sowie auf dem Freizeitsektor zunächst Buden- und Stauseebauen im Wald, danach weniger ingenieurs-orientiert Autosgucken auf der Brücke über der Umgehungsstraße und vorpubertäre Experimente am dahinterliegenden Baggersee; Steinbruch. Schließlich kommt das bürgerliche Provinzmädchen (im Folgenden: bpm) in die schwierige Zeit der Adoleszenz, das heißt, es will dem bürgerlichen sowie provinziellem Ambiente seines bisherigen Daseins entfliehen. Es sucht nach Lärm, Beton, einem großartigeren Leben, es sucht den Punkrock. Davon hat es gehört und gelesen, und es erscheint ihm vielversprechend. Freilich weiß es nicht genau, wie das gehen soll. Es weiß nur, dass das in der Provinz nicht geht.

Es setzt sich also mit seinesgleichen in den Nahverkehrszug, der die Provinz mit der nahen Metropole, mit Bielefeld, verbindet. Hier gibt es sich Nachmittage lang urban, imitiert lukrativ

Schnorrer, sucht im besten Fall in Plattenläden nach Musikgruppen, deren Namen es auf Jacken und Taschen seiner stilistischen Rolemodels auf dem Schulhof identifiziert, hat oder findet in alternativen Buchläden Taschenkalender zu Themen, die es bewegen. Schlechterenfalls klaut es bei Bijou Brigitte und C&A billige Konsumartikel im 80er-Jahre-Style, der noch nicht retro, sondern reine Gegenwart ist, und lässt sich von väterlichen Kaufhausdetektiven bei der Polizei anzeigen.

Abends muss das bpm wieder zurück ins Dorf. Wenn die Züge nicht mehr verkehren, scheint es eine gute Idee, die Bundesstraße entlang heimwärts per Anhalter zu reisen. Dabei kann es passieren, dass ein haariger Student es nur bis zu einer Tanzkneipe mitnimmt, die einen eisernen Gartenstuhl im Logo führt und an der Bundesstraße auf der Grenze zwischen Stadt und Land liegt. Hier wird das bpm schon früh und in baumreichem Ambiente mit Auswüchsen des Bielefelder Nachtlebens vertraut, die es definitiv nicht als Punkrock empfindet.

Zu dieser Zeit testet das bpm auch im Selbstversuch, wie es ist, einfach mehrere Tage am Stück in Bielefeld zu bleiben. Dabei stellt es fest, dass gemeinsamer Alkoholkonsum an zentralen Plätzen das Leben nicht unbedingt lebenswerter macht und dass keinesfalls alles Punkrock ist, was usselig daherkommt. Es beschließt, das Experiment abzubrechen und zwecks Wiederherstellung der persönlichen Integrität vorerst doch wieder in die Provinz zurückzukehren, wo Elternhaus und Schule schon warten. Mit Bielefeld aber hat es fortan eine Rechnung offen.

Sobald die Schule ausgestanden ist, verabschiedet sich das bpm von Provinz, sowie Elternhaus samt Garten, und es tritt ein in die offizielle Bielefeld-Phase.

2

Bielefeld: Ungetrübte jugendliche Experimentierfreude und eine schmale Geldbörse treiben das bpm in eine vieler möglicher ominösen Wohnsituationen, vielleicht eine selbstverwaltete Hausgemeinschaft am Stadtrand. Hier teilt es zwar einen Telefonanschluss, Abort und Dusche mit acht Flurgenossen und -genossinnen, hat allerlei ekliges in der Küche und regelmäßige Plenarsitzungen im Wohnzimmer. Und eine Zeitlang genießt das bpm diese Härten des Lebens, die schon fast wie Punkrock sind. Doch irgendwann merkt es, dass es sich doch eher um Hippiekram handelt, spätestens, als es nach einem kurzen Auslandsaufenthalt unvermittelt der feierlichen Einweihung des von Mitbewohnern selbstgebaute Orgon-Akkumulators beiwohnt. Das verwirrte bpm lässt sich von den Anwesenden erklären, dass dieses Gerät, das für Uneingeweihte aussieht wie eine mit Alufolie verkleidete mannshohe Holzkiste, die libidinöse Energie (Orgon), die sich in der Atmosphäre befindet, auf den in ihr sitzenden Menschen konzentriert. Daraufhin beschließt es, dass das so nicht weitergehen kann, und nimmt die Beine in die Hand.

Weit weg von Esoterikboom und libidinösen Experimenten landet es in der Bielefelder City in einer „Zweck-WG" mit jungen Studenten der Betriebswirtschaft. Das ist allerdings auch nicht wirklich befriedigend, schließlich sucht unser bpm nach wie vor den Punkrock und nicht konformistische Jungsbesäufnisse vor der unüberhörbaren Geräuschkulisse einkaufsbummelnder Bielefelder. Daher verlegt es seine Suche nun verstärkt in das Nachtleben. Das ist zum Teil von Erfolg gekrönt, allerdings auch anstrengend. Unser bpm ist inzwischen Bielefelderin und hat gelernt, dass Bürgerlichkeit mitnichten auf die Provinz beschränkt und der Punkrock, den es meint, am Fuße der Sparrenburg nur schwer zu finden ist. Diese Erkenntnisse machen es etwas müde. So liegt es eines heißen Sommertages auf dem Teerpappedach seiner Citywohnung, lässt seinen Blick über die Leuchtreklamen der benachbarten Kaufhäuser streifen und will sich früh-altsackig damit abfinden, in dieser Stadt den Punkrock gesucht, doch nur den Blues gefunden zu haben.

Doch da greift gerade rechtzeitig die Universität in den Lauf der Dinge ein, die unser bpm einmal mehr ins Europäische Ausland entsendet. Dort lernt es nun unter anderem, dass Glücklichsein außerhalb Bielefelds und seiner Provinzen eine realistische Option ist. Mit dieser doch sehr beruhigenden Gewissheit im Gepäck kehrt es nach Jahresfrist zurück an den Teuto und wundersamerweise funktioniert das nun auch hier. Das Schicksal meint es gut und platziert das bpm im Herzen der Stadt, das links, also im Westen schlägt, im Kreise lieber Freunde, die ein Plätzchen in ihrer Mitte freigehalten haben. Hier hat das bpm nun plötzlich das Gefühl, in jenem Bielefeld angekommen zu sein, das es sich von Kindesbein an vorgestellt hatte. Man zelebriert im Verein die scheinbar perfekte Verbindung von Wohnen und Arbeiten, Essen und Trinken, Schlafen und Feiern, coffee and TV, blood and fire, Dichtung und Wahrheit etc. Die Küche funktioniert als verlängertes Zentrum des Nachtlebens, die nahegelegene Pop-Kaschemme als ausgelagertes Empfangs-, Wohn- und Musikzimmer. Das ist der pathetische Bielefelder Punkrock, den unser bpm gesucht hat, wie es jetzt merkt.

Natürlich kann dieses Idyll nicht ewig währen – dann wäre es nicht Bielefeld. Und so kommt es, dass die Wohnfamilie des bpm nach Beendigung des Studiums in andere, größere Städte arbeitsemigriert. Alleine auf den rauchenden Trümmern des pathetischen Bielefelder Punkrock sitzen zu bleiben ist keine wirkliche Option für das bpm, zumal es plötzlich wieder scheint, dass alle guten Geister die Stadt schon lange verlassen haben. Punkrock ist gefunden und gewesen, Mission erfüllt, in Bielefeld bleibt anscheinend nichts mehr zu suchen. So bleibt nur ein logischer

Weg: die Flucht nach vorn, große weite Welt, Teil 3. Hiermit beginnt unweigerlich die Post-Bielefeld-Phase.

3

Post-Bielefeld: Unser bpm kehrt nun der ehemaligen Stadt ihrer Träume, der, wo sie die Gattung des pathetischen Punkrocks als flüchtige Lebensform entdeckt hat, den Rücken. Wenn es meint, damit Bielefeld hinter sich lassen zu können, irrt es freilich. Zunächst lebt es die künstliche Verlängerung der Weststraße ca. 200 km von Bielefeld entfernt in einer Karnevalshochburg am Rhein und liebäugelt damit, dem dortigen Arminia-Bielefeld-Fanclub beizutreten. Vielleicht ist Bielefeld immer noch zu nah, vielleicht liegt es an den vielen punkrock-unkompatiblen Frohnaturen, jedenfalls zieht es unser bpm weiter in die Ferne. So dass es inzwischen gut 2000 km entfernt in einer Hauptstadt wohnt, die es mit knapp 4 Millionen Menschen teilt, in der es aber (soweit das bpm weiß) keinen Arminia-Fanclub gibt und in der der Karneval nur eine marginale Rolle spielt. Das ist weder Bielefeld noch Punkrock, aber trotzdem ok. Hier widmet es sich der schönen Aufgabe, Menschen fremder Zunge die deutsche Sprache beizubringen. Oft wird es dabei von landeskundlich interessierten Schülern gefragt, woher aus Deutschland es komme. Das bpm antwortet dann gerne „aus Bielefeld" (anstatt: „aus der ostwestfälischen Provinz"), mit beiden Informationen kann aber selbst der fortgeschrittene Frager in der Regel sowieso nichts anfangen, denn in den Lehrbüchern für Deutsch als Fremdsprache lernte er viel über Hamburg und den Hafen, Berlin und die Mauer, Köln und den Dom, München und das Oktoberfest. Bielefeld und seine Provinzen allerdings tauchten nirgendwo auf. So ist es nicht leicht für unser bpm, die Schüler von der Relevanz seiner Ex-Heimat in der deutschen Städtelandschaft zu überzeugen, und es wird nicht leichter, als die Arminia einmal mehr in die 2. Liga abgestiegen ist.

Unverhofft gerät jetzt allerdings didaktisches Beweismaterial in die Hände des bpm: Im neuen Standard-Lehrwerk seines Instituts stößt es verwundert auf die Lektion 34 mit dem schönen Titel „Willkommen in Bielefeld". Die umgehend in Angriff genommenen Vorbereitung auf die zukünftige Unterrichtseinheit „Bielefeld" wird für das exilierte bpm zu einer Achterbahn der Gefühle. Auf dem in besagter Lektion 34 zur Einstimmung doppelseitig abgedruckten Bielefeld-Stadtplan fällt sein Blick sofort auf die Ecke Schloßhofstraße/Weststraße und ihm wird ganz blümerant vor Sentimentalität. Einmal von dieser Blümeranz erholt, freut es sich über das reproduzierte Schema der Bielefelder Stadtbahn, mit dessen Hilfe die Schüler auf allen 5 Kontinenten des Erdballs kreativ die Aufgabe lösen sollen: „Entschuldigung, wie komme ich zur Ziegelstraße?" Im Folgenden werden diese Schüler informiert darüber, dass das Bielefelder Ausländeramt Mittwochs nur Vormittags geöffnet und die Bücherei Montags geschlossen ist. Sehr interessant ist die eher offene Aufgabenstellung: „Was ist in der Heeper-Straße?" Hier kommen dem unterrichtsvorbereitendem bpm gleich mehrere Orte und Episoden seiner prä-Bielefeld- und Bielefeldzeit in den Sinn. Die korrekte Antwort ist leider recht untranszendental: „Das Ishara Bad". „Da hätte man mehr draus machen können", hadert das bpm im Geiste, aber nun gut. Entzückt ist es über die Frage „Gibt es am Freitag ein Fußballspiel?", die nach Analyse des abgebildeten Spielplakates eindeutig mit „Nein" beantwortet werden kann. Bessere Schüler werden antworten: „Nein, Arminia Bielefeld spielt am Sonntag um 15 Uhr. Und zwar gegen den 1. FC Saarbrücken."

Das sind kleine Dialoge, die in der Fremde wie Musik klingen werden, wie das bpm jetzt schon ahnt. Und zwar wie pathetischer Punkrock. Das wiederum wird dem Sprachschüler nur schwer zu erklären sein. Macht nichts.

HOMMAGE AN DIE ZUVERSICHT

Nicole Mahne

In der Bremer Straße Ecke Meller Straße darf geträumt werden. Innerhalb von zwei Jahren träumten dort ein Versicherungsmakler, ein Second-Hand-Laden-Besitzer, ein Kioskinhaber und der Mann vom Getränkeservice. Ich selber wohnte in der ersten Etage über den Geschäftsräumen und beobachtete das Glück eher gelangweilt. Ich sollte ehrlicherweise hinzufügen, dass ich mich bis auf den einen besonderen Fall diskret im Hintergrund gehalten habe. Schließlich ist ein gemeinsames Dach über dem Kopf noch kein Argument für irgendwas, vor allem nicht für Anteilnahme.

Ich hätte mich vielleicht auch besser rausgehalten aus den Träumen eines wildfremden Menschen, der sich einen fettigen an der Kopfhaut klebenden Scheitel durch die Stirn zieht und Kindern kumpelhaft und verständnisvoll Schlickereien in die Hand drückt: „Für in Bett zu schnabulieren." Genauso habe ich ihn mir vorstellen müssen. Abends in dem von der alten Mutter gestärkten weißen Bettzeug liegend, die runden braunen Traumaugen an die Decke geheftet, dabei Kekskrümel im Mundwinkel und Schokoladenschnäuzer. Vielleicht war es diese Assoziation, die mich für den Mann vom Getränkeservice am Ende eingenommen hat. Bevor er in unser Haus zog, war das zeitweise mit weißgrauem Bettuch verhangenes Schaufenster kein Grund zum Innehalten und Staunen.

Tatsächlich konnte man nie mit Sicherheit sagen, ob hinter dem Vorhang ein Traum in wenige Kartons gepresst bei Nacht und Nebel für den Sperrmüll an die Straße gestellt oder ein neuer Karton voller Übermut und Kraft über die Schwelle getragen wurde. Eines Tages, nachdem ich mich an das verhangene Schaufenster und an die Kurzlebigkeit der Träume gewöhnt hatte, strahlte ein blasses Mondgesicht, die Hände in die fleischigen Hüften gestemmt aus den Geschäftsräumen heraus die Meller Straße hoch, auf der ich mich mit dem Rad herunterrollen ließ, direkt auf den neuen Glücklichen zu, dem vor Stolz die Knöpfe von dem eingelaufenen Hemd zu platzen drohten. In Zukunft sollte der Mann vom Getränkeservice in seiner Ladentür stehen, immer bereit zu einem kleinen Plausch mit Nachbarn oder Fußgängern, deren mit Einkaufstüten und Kindern behangenen Schultern ein Vorbeieilen unmöglich machten. Schnell wusste er einen Kommentar zu platzieren oder seine Hilfe anzutragen: Kundenakquise. Die Nähe zum Kunden war ihm eine Herzensangelegenheit. „Man muss zusammenhalten, auch mal was tun für den andern." Diese positive Haltung verschaffte ihm mehrere Daueraufträge alter Damen im Viertel, denen er alle paar Tage zwei oder drei Flaschen Mineralwasser in die dritte oder vierte Etage trug.

Nachdem die erste Verlegenheit überwunden war, traute ich mich in seinen Laden, den ich in den Abendstunden von draußen bereits gründlich inspiziert hatte. Die gestapelten Kisten mit Wasser, Bier und brauselndem Limonadenspaß standen vereinzelt wie Exponate in dem Geschäft verstreut. Über der Kasse waren zwei Holzregale angebracht, auf denen die zum Verkauf stehenden Zigaretten und Schokoladenriegel akkurat nebeneinander aufgereiht lagen: Marlboro und HB, Mars, Snickers und Bounty. Außerdem auf der Ladentheke TicTac in weiß und orange. Am gegenüberliegenden Ende des Raumes wurden einige Tüten Chips und Salzstangen angeboten. Der Laden erinnerte mich an aufwendig frisiertes schütteres Haar.

Professionell wusste der Mann vom Getränkeservice meine Ratlosigkeit abzufangen: „Womit kann ich dienen, junge Dame? Ihr Wunsch ist mir Befehl." Mit der gleichen Souveränität brachte ich ein „Cola Light?" hervor. Wie sich zum Glück herausstellte, brachte dieser Auftrag den Geschäftsmann nicht in Verlegenheit. Er hat meine gewünschte Kiste Cola Light zwar nicht auf Lager, doch das gehört zur Geschäftsstrategie. Die Nachfrage bestimmt das Angebot und er wäre in Kürze wieder da und brächte mir die Lieferung nach oben an die Tür. „Ist doch selbstverständlich in einer Hausgemeinschaft!" Er verschloss die Ladentür hinter uns und brachte ein ausgerissenes weißes Blatt Papier auf ihr an, auf dem in Druckbuchstaben geschrieben stand: „Habe eine Auslieferung. Bin gleich zurück."

Sehr dynamisch zwängte er sich in seinen rostigen roten Ford Fiesta, unter dem Arm bildeten sich vor Aufregung und Betriebsamkeit bereits Schweißflecken, eine Haarsträhne fiel ihm in die Augen, die er zurück auf den Kopf klebte. Nach einer Fehlzündung sprang der Motor an und er Wagen schoss davon. Nach einer knappen halben Stunde schellte es an meiner Wohnungstür. Zufrieden präsentierte mir der Mann des Getränkeservices die erstandene Kiste Cola Light, die er vor seinen Füßen abgestellt hatte. Der Schweiß rann ihm inzwischen in kleinen Sturzbächen von Stirn und Nacken über den Oberkörper. Ich bedankte und freute mich mehr, als der Anlass selber es nötig machte. Solch ein bedingungsloser Einsatz verlangt nach netter Konversation zwischen Tür und Angel, und bevor ich mich recht versah, stieg der Getränkeserviceman mit einem Folgeauftrag für die nächste Woche die Treppe herab. Mit diesem Tag war ich unwiderruflich involviert in seinen Traum vom geschäftlichen Durchbruch: Individueller Lieferservice von Mensch zu Mensch.

Bereits wenige Tage später fing mich unser Shooting Star der Getränkeindustrie im Treppenhaus ab und schob und zog mich durch den Hintereingang in seinen Laden. Jetzt war es an mir zu staunen und zu loben. Nicht nur, dass die bestellte Kiste Cola Light für die nächste Woche bereits neben der Theke stand, sondern auch in Fragen der Raumausstattung war eine Veränderung zu honorieren. Ein überdimensionales Coca Cola-Plakat spannte sich über die vormals weiße Ladenwand, dessen Gestaltung gekonnt durch eine auf dem Boden stehende Pyramide aus Coca Cola Dosen wieder aufgegriffen und in einen harmonischen Gesamteindruck überführt wurde. Ich war in anerkennendes Kopfnicken verfallen, während ich mit Sorge an die für mich bereitgestellte Kiste Coca Cola Light dachte. Bis zu diesem Zeitpunkt hatte ich noch keine ganze Flasche aus der Blitzlieferung geleert, denn ich glaubte einem Zusammenhang zwischen meinen chronischen Magenbeschwerden und dem überdurchschnittlichen Cola-Konsum auf der Spur zu sein. Selbstverständlich konnte ich den Mann vom Getränkeservice wegen geringfügiger körperlicher Befindlichkeiten unmöglich auf der Bestellung sitzen lassen. Stattdessen gab ich mich angenehm überrascht über den tadellosen Service von Mensch zu Mensch. Überflüssigerweise meinte ich, seiner überschwänglichen Stimmung vollkommen ausgeliefert, betonen zu müssen, dass ich mit einer Kiste manchmal nur sehr knapp über die Woche käme, worauf mein Gesprächspartner mit Herz wohlwollend und väterlich lächelte. Danach kann ich mich nur noch an wenig erinnern. Soviel war jedoch klar: mit dem Titel der Stammkundin, die toi toi toi gute Vorbotin für die Zukunft, hatte ich Verantwortung und weitere Bestellungen übernommen.

In den kommenden Wochen ertrank ich nahezu in Cola, ohne mich auch nur im geringsten von Magenkrämpfen und Übelkeit beeindrucken zu lassen. Der Mann vom Getränkeservice befand sich immer häufiger auf Auslieferungsfahrten, die meiste Zeit hing die zerknitterte Notiz an der Ladentür. Als ich eines Nachmittags meinen völlig entnervten Vermieter im Treppenhaus antraf, entlarvte dieser mit wenigen Worten meinen Ganzkörpereinsatz als Traumtänzerei. Und damit verabschiedete sich auch mein Titel als toi toi toi Stammkundin. Geschäftsidee, dass er nicht lachte.

Restlos pleite wäre mein König der Sprudelquellen und stände mit drei Monatsmieten im Rückstand.

Mich quälten entsetzliche Schuldgefühle. Ich habe nicht nur einmal im Rausch der Revolte im Supermarkt Getränke gekauft und nachts heimlich und auf Zehenspitzen in meine Wohnung getragen. Einen kleines Stück Unabhängigkeit, dass mir jetzt schwer auf der Brust lag. Als der Vorhang gelüftet war, brach auch meine Beziehung auseinander und ich hatte endlich die gesuchte Erklärung für mein Unwohlsein. Nicht, dass ich im nachhinein eine Verbindung zwischen dem Schicksal des Getränkemanns und dem meinen beschwören möchte, doch soviel steht fest: als das Schaufenster mit einem weißgrauen Bettlaken verhangen wurde, trug ich meine Koffer aus der Wohnung in der Bremer Straße.

Monate später bin ich auf dem Weg in den Nordpark durch mein ehemaliges Wohnviertel flaniert und beäugte neugierig die vielen neuen Geschäftsideen. Wir haben uns gleich wiedererkannt. Mit stolzer Gebärde deutet er aus dem Ladeninneren auf seine Auslage. In seinem Schaufenster lagen einige Plastikbrotleiber zu Dekorationszwecken, auf der Scheibe stand mit roter schnörkeliger Schrift: „Backwaren. Frisch und günstig vom Vortag.“

GEGENWELT BIELEFELD

Christian Y. Schmidt

Früher war alles besser. Viel besser. Das traut sich bloß keiner mehr zu sagen, weil es ja früher auch Leute gab, die behaupteten, früher sei alles besser gewesen. Also noch früher. Das war damals grundfalsch, denn noch früher war ja gar nichts besser. Heute aber stimmt's, keine Frage, man muss sich ja nur mal vor Augen halten, wie es früher war. Zum Beispiel am Beispiel Beispiels, äh, Bielefelds.

Auch hier war nämlich früher alles besser und schöner, und zwar ganz genau zu dem Zeitpunkt als wir jung waren, zufälligerweise, wir können nun auch nichts dafür. Das war am Ende der Siebziger bzw. zu Beginn der Achtziger Jahre. Damals begann die Stadtregierung mit dem, was sie Stadtsanierung nannte, und plötzlich verwandelte sich Bielefeld für eine historische Minute in eine wirklich bemerkenswerte Stadt.

Es war wie in dem Märchen von der verkehrten Welt. Das Bürgertum hatte die Stadt verlassen und war in schäbige Einfamilienhäuser in Hoberge oder Sennestadt gezogen, weil das damals eben alle machten, die etwas mehr Geld hatten als die anderen. Dafür zogen wir, die wir viel weniger besaßen als gar nichts, in ihre alten Gründerzeitvillen mit schönem weißen Stuck an den Decken, parkplatzgroßen Balkonen, umgeben von verwilderten Gärten, in denen Trauerweiden und Kastanienbäume wuchsen. Wir wohnten in Altbauwohnungen, die ein paar hundert Quadratmeter groß waren, oder gleich in ganzen mehrstöckigen Häusern, im Westen, im Osten, und in der Innenstadt, und das zu Mieten, die uns heute keiner mehr glaubt.

Damals überließ uns die Stadt sogar ein ganzes Viertel, das eigentlich zum Abriss vorgesehen war, aber bis zur endgültigen Demolierung noch warten musste. Das waren die Häuser am unteren Ende der Großen Kurfürsten Straße, der Teichstraße, des Goldbachs und der Friedrichstraße. Man hatte sie bereits zugemauert, wir zwangen die Stadt, die Mauern wieder einzureißen und uns die Wohnungen zu einem Spottpreis zu vermieten. Eins dieser Häuser war die Große Kurfürstenstraße 85; für fünf Zimmer und eine Küche zahlten wir rund 250 Mark, geteilt durch fünf. Als nur ein paar Monate nach unserem Einzug die letzten regulären Mieter auszogen, übernahmen wir auch ihre Wohnung und die zwei Ladenlokale im Erdgeschoss. Die Türen öffneten wir mit einem Dietrich und gaben die Zimmer Leuten, die gerade eine Wohnung suchten. Selbstverständlich zahlten wir für den dazu eroberten Teil des Hauses keinen Pfennig.

Wir lebten früher nicht nur billiger und in den schöneren Häusern, sondern auch genauso, wie wir uns das vorstellten. Störte uns in unserer Wohnung eine Wand, schlugen wir sie heraus, brauchten wir ein Fenster überm Hochbett, wurde ein Loch in die Hausmauer gestemmt. Wir strichen ganze Treppenhäuser in schwarz-weiß, errichteten verwinkelte Podestlandschaften in unseren Zimmern und installierten Hochbadewannen in den Küchen. Das heißt, wir hängten Badewannen in Hochbetthöhe an Balken auf, die auch dann nicht zusammenbrachen, wenn die Wanne voll war. Das war ein wirkliches statisches Wunder.

Dann eröffneten wir in einem der beiden Ladenlokale unsere Kneipe. Zwei Mal die Woche verkauften wir Cola und Flaschenbier, was auch die örtlichen Punks anlockte. Die Punks benahmen sich meistens sehr gut und halfen sogar manchmal beim Kneipe-Putzen, dafür konnten sie sich bei uns billig betrinken. Eine Lizenz für die Kneipe hatten wir nicht, wir zahlten keine Steuern und das Wort „Sperrstunde" gab's in unserem Wortschatz nicht.

Wenn die Punks alles ausgesoffen hatten, schloss einer von uns die Kneipe ab. Manchmal schlief der eine oder andere Irokese noch am nächsten Mittag auf den Kneipensofas, was sich durch die Schaufensterscheibe sehr gut machte. Putzigere Schaufensterpuppen sollte man in Bielefeld nie wieder sehen.

Auch vor unserem Haus machten wir, was wir wollten. Uns gefiel der Blick auf den großen Schotterparkplatz nicht, der sich mitten in der Bielefelder Innenstadt und direkt vor unserer Haustüre zwei, drei Fußballplätze groß erstreckte. Also rissen wir den Parkplatz auf und pflanzten da ein paar fünf Meter große Pappeln hin, zusammen mit den Leuten von der BIS. Die BISler waren die politischeren Sanierungsgegner mit einer sozialarbeiterischen Ader, die uns abging. Sie wohnten direkt neben uns in einem kleinen Fachwerkhaus, an der Ecke Teichstraße. Anderthalb Jahre wuchsen die Pappeln auf dem Parkplatz, keine Behörde wagte es, sie zu fällen. Es griff auch niemand ein, wenn wir für große Partys die Kurfürstenstraße vor unserem Haus kurzer Hand sperrten. Wir stellten die Musikbox aus der Kneipe auf die Straße, legten rote Teppiche auf den Bürgersteig und leiteten den Verkehr um die Pappeln herum über den Parkplatz. Dazu lief sehr laute Musik, die man noch bis Karstadt hören konnte, aber auch sehr leise. „As the world turns", die B-Seite von Roxy Musics „This is tomorow" lief sehr oft, und eine Zeit lang auch „Calling occupants of interplanetary craft", der allerbeste Song der Carpenters. Den hörte man nur bis zum Black Bird.

Schön war es, wenn genau in dem Moment, in dem Karen Carpenter von den „interstellar policemen" sang, ein Polizeiwagen im ersten Gang auf unser Haus zu kroch, an der Straßensperre auf den Parkplatz abbog, hinter den Pappeln weiterhoppelte und Richtung Bahndamm wieder verschwand. Der Bahndamm begrenzte das Kern-Sanierungsgebiet. Auf seiner Natursteinmauer war die seltsamste Parole Bielefelds zu lesen, in großen

Lettern, fünfzig Meter lang: „Er schläft nicht mit Dir! Er holt sich in Dir einen runter." Das hatte, jeder wusste es, Lydia dahingepinselt. Und gab uns jeden Tag was über ihr Sexualleben zu denken. Auch das war schön.

Früher war nicht nur die Gegenwart, sondern auch die Zukunft besser. Viel besser, dachten wir, weil immer mehr Leute begannen, so wie wir zu leben. Wer Anfang der Achtziger in Bielefeld jung und schlau war und eine Wohnung suchte, der schaute nicht mehr in den Anzeigenteil der Zeitung, sondern an den Straßenrand nach einem leer stehenden Haus, das er in Besitz nehmen konnte. Im Bielefelder Osten war in der Waldemarstraße eine alte Fabrik schon ein paar Jahre in unserer Hand, hier wohnten rund 50 Leute. Später wurden Häuser am Goldbach besetzt, an der Stapenhorststraße, sogar in Brackwede und mitten im Teutoburger Wald.

Das Besetzen klappte allerdings nicht immer reibungslos, und manches Haus war genau so schnell wieder geräumt, wie es gestürmt war. So war es auch bei der lustigsten Hausbesetzung Bielefelds, die eigentlich keine war, weil Judith zusammen mit zwei Kinderpunkerinnen aus Hannover bloß eine ungenutzte Büroetage besetzte. Als die drei die Tür aufbrachen, fanden sie dahinter rund hundert Ordner voll mit alten Firmenakten. Die Mädchen schafften erst mal Ordnung. Das heißt, sie nahmen die Aktenordner und schmissen sie aus den Fenstern auf die Jöllenbecker Straße, wobei sie wilde Parolen riefen. Das war doch etwas zuviel. Am nächsten Morgen räumte die Polizei die Etage und nahm die drei Etagenbesetzerinnen vorläufig fest. Abends saßen dann die beiden blutjungen Punkerinnen bei uns in der Küche. Sie jammerten sehr theatralisch, bis noch in der Nacht ihre besorgten Eltern kamen, sie gerührt in die Arme schlossen und wieder zurück mit nach Hannover nahmen.

Mag aber auch sein, dass die Besetzung von Mike Rettich, Kaufi und dem bärtigen Dieter spaßiger war. Die klebten eines Tages einen Zettel an die Tür eines gerade leer stehenden Zimmers in unserem Haus. Auf dem Zettel stand „Dieses Zimmer ist besetzt" und die drei erklärten, sie gingen jetzt aus diesem Zimmer nie wieder raus. Wir fanden das gar nicht lustig, obwohl doch das Besetzen eines sowieso schon besetzten Zimmers in einem besetzten Haus mindestens doppelt komisch war. Oder dreifach.

Egal, ob lustig oder nicht, das Leben war früher allemal interessanter. Auch weil wir viel verschiedener waren als später, und nicht nur aus mehr oder weniger heilen Mittelstandsfamilien kamen. In dem besetzten Zimmer zum Beispiel hatte vorher Luise gewohnt. Luise war schizophren und aus dem Gütersloher Landeskrankenhaus davongelaufen, wo man mit ihr nicht fertig wurde. Sie hatte sich das Zimmer selbst mit erdfarbenen Dämonen ausgemalt und schrie manchmal die Nächte durch, weil sie glaubte, in ihrem Sessel lebe Dr. Oetker. Zu uns gehörten Alkoholiker, Jobber, Krankenschwestern, Kleinkriminelle, Zimmerleute, Rocker, Verkäufer, Drogensüchtige, Handweberinnen, LKW-Fahrer, Penner, Schüler, Dealer, Debile und Studenten, wobei es einige Überschneidungen gab, besonders bei den Drogis, Debilen und Studenten. Grundsätzlich aber galt: Je weiter weg von der Gesellschaft der Durchschnittsmenschen, desto besser, je weniger Geld, desto angesehener, je körperlich kaputter, desto höher der Status.

Und dann war da noch die Johannislust. Die Lust war die Keimzelle unserer Gegenwelt. Die Gründerzeitvilla lag kurz unterhalb des Johannisberggipfels und war mal ein beliebtes Ausflugslokal gewesen. Irgendwann zu Beginn der Siebziger wurde das Haus, das einer untereinander zerstrittenen Erbengemeinschaft gehörte, von ein paar Freaks übernommen, wie sich die Hippies früher selber nannten. Anfangs war die Johannislust eine fast normale Hippiekneipe. Dann traten im riesigen Garten die ersten Bands auf, das Schlagzeug stand dabei auf ein paar

Holzbrettern. Aus den Brettern wuchs mit der Zeit eine richtig große überdachte Bühne, davor Bänke für ein paar hundert Zuschauer. Und während sich das Johannislust-Haupthaus über die Jahre in eine einzige dunkle psychedelische Höhle verwandelte, zogen im hinteren Teil des Gartens und im angrenzenden Wald immer mehr Leute in neu gebaute Baumhäuser und Hütten.

Wir waren damals alle auf der Lust, immer wieder. Wir fuhren mit alten Citroens, Heckflossendaimlern und Ford Capris den Johannisberg rauf – auch unsere Autos waren früher besser und schöner –, wir trafen uns da abends, am Wochenende, zu Ostern und Pfingsten. Wir betranken und bekifften uns, quatschten dummes Zeug, lungerten auf den Bänken herum, oder starrten in die Flammen des großen Feuers direkt vor der Bühne. Wir sahen uns die Band an oder das seltsame Umwelttheaterstück, fanden das Stück scheiße, die Band aber gut, traten nach den herumlaufenden Kötern, liefen nackt herum oder auch nicht. Wir verlachten die sporadisch wegen der Lärmbelästigung auftauchenden Polizisten, setzten uns irgendwann in der Nacht bekifft in unsere schönen Autos und fuhren zurück in eine echte Stadt, die wirklich uns gehörte, na, wenigstens zum Teil.

So war das also früher. Und jeder, der damals lebte und sich erinnern kann, wird zugeben müssen, dass es besser war. Viel besser. Es ist wahr: Dieser Satz war lange Zeit ein Satz der Einfältigen und Stumpfen. Er würde auch heute nicht stimmen, wenn es seit der hier beschriebenen Zeit so etwas wie einen Fortschritt gegeben hätte – wie es sich für den Fortgang von Geschichte eigentlich gehört. Rätselhafterweise aber fiel der Fortschritt in Bielefeld von nun an aus. Heute ist deutlich zu erkennen, dass diese Stadt Mitte der Achtziger den Höhepunkt ihrer städtischen Existenz erlebte, um sich danach nur noch zurückzuentwickeln.

Das lag daran, dass bei der Stadtsanierung etwas schief lief. Eigentlich sollte in ihrem Verlauf, so erklärte es uns die Stadtregierung, das alte Schlechte durch neues Besseres ersetzt werden. Notwendig sei das, damit sich auch das Leben in der Stadt verbessere. Doch als die Sanierung dann Gestalt annahm, stellte sich heraus, dass sie nichts weiter als ein Programm zur kompletten Stadtzerstörung war. Erst räumte man mit uns und unseren Häusern auf. Das schöne Viertel um die Große Kurfürstenstraße mit seinen Gründerzeithäusern wurde 1982 dem Erdboden gleich gemacht, an seiner Stelle ein einfältiges Parkhaus und ein Abschnitt des Ostwestfalendamms errichtet. Ein Jahr später musste die besetzte Fabrik in der Waldemarstraße durchschnittlichen Wohnhäusern weichen. Und wo einmal die Johanneslust war, ist heute nichts weiter als ein Stückchen Wald.

Wäre es bei diesen Verwüstungen geblieben, man hätte Bielefeld vielleicht noch retten können. Die Stadtplaner, Baudezernenten und Architekten jedoch leisteten mehr als ganze Arbeit. Kein konventioneller Bombenangriff kann je so viel zerstören, wie sie es taten. Sie trugen ganze Berge ab, schütteten hübsche Täler zu und radierten komplette Landschaften von der Erdoberfläche. Sie zerstückelten alte Villenviertel und sprengten Industriedenkmäler. Selbst Friedhöfe demolierten sie. Sie zertrümmerten, begradigten und planierten, als hinge ihr Leben davon ab, alles Interessante, Historische, Andere und Abweichende auszulöschen.

Dann versuchten sie, alles wieder aufzubauen. Erst bauten sie ein paar große Kaufhäuser ohne jedes Fenster und nannten sie Horten oder Quelle. Später bauten sie Kaufhäuser mit ganz vielen Fenstern und nannten sie Passagen. Sie knallten eine grotesk überdimensionierte Badewanne mitten in die Stadt und nannten das Ding Stadthalle. Sie bauten irgendetwas und nannten das – der Name ist an kleinkarierter Großkotzigkeit kaum zu übertreffen – Amerikahaus. Sie bauten etwas Scheußliches mit viel Glas an den Seiten mitten auf den Niederwall und wussten selbst erst gar nicht, was das da war und sollte. Später nannten sie es einfach „Pizza

Hut". Die schlichte Normaluhr am Jahnplatz ersetzten sie durch einen irgendwie postmodernen Pflock. Der steht jetzt da wie ins Herz der Stadt gerammt, und soll wohl ein Zeichen dafür sein, dass man es geschafft hat, die Stadt vollends zu erledigen.

Kein Mensch aber lebt besser, wenn die Zeit auf Pflöcken angezeigt wird. Der Lebensstandard steigt nicht, wenn denkmalgeschützte Fassaden von oben bis unten mit etwas beschmiert werden, das wie Scheiße aussieht, aber noch nicht mal welche ist (so wie am Sport-Scheck-Gebäude am Jahnplatz). Es bringt auch nichts, wenn man in eine Stadt schneller rein fahren kann, dort aber nichts weiter vorfindet als einen Stadtkadaver. Besser lebt der Mensch, wenn er von wirklicher Architektur umgeben ist, nicht von schlechtem Lego. Besser lebt er, wenn er für die Wohnung, in der er lebt, so wenig arbeiten muss wie möglich. Der Mensch lebt besser, wenn er zum Beispiel so lebt, wie vor vielen Jahren in unserer Gegenwelt.

Mit dem Verschwinden dieser Welt sind auch wir verschwunden. Wir haben uns aufgelöst und sind in der Masse aufgegangen, die sich mit allem abfindet, auch mit Bielefeld. Der Krieg der Bielefelder gegen ihre Stadt geht trotzdem immer weiter. In Bielefeld ist man fest entschlossen, auch noch die letzte Spur von Schönheit aus der Stadt zu tilgen, wohl weil man ahnt, dass alles Schöne die Erinnerung an ein besseres Leben aufbewahrt. Noch im Jahr 2000 wurde, vollkommen unfassbar, das Hallenbad am Kesselbrink zertrümmert. Kurz darauf eröffnet man ein „Neues Bahnhofsviertel" und protzt in aller Welt mit dessen Industriegebiets- und Dorfdiscoarchitektur.

Die neue Straße, die durch dieses architektonische Gerümpel führt und eigentlich „Bauerntrampelpfad" heißen müsste, bekam den Namen „Boulevard". Das lässt für die Zukunft einiges erwarten. Wenn eines Tages das, was von Bielefeld übrig geblieben ist, so aussieht, wie die Ausfahrt zu einer beliebigen Autobahntankstelle, dann werden sie auch diesem Stadtmatsch einen neuen Namen geben. Wahrscheinlich nennen sie ihn dann: Paris.

Tatsächlich. Auch die Zukunft ist heutzutage schlechter.

DIE AUTORINNEN UND AUTOREN

Volker Backes, geboren 1966 in Bielefeld. Sachbearbeiter Bauverwaltungsamt (Team Süd) bei der Stadtverwaltung Bielefeld. Ab 1990 halbherziges Studium der Soziologie in Bielefeld, da Mitbegründer und Redakteur des Musikmagazins What´s That Noise?. Prägende WG-Erfahrungen mit Jens Kirschneck. Seit 1992 freier Mitarbeiter beim StadtBlatt und der Neuen Westfälischen Zeitung. 1994 Musikredakteur beim Stadtmagazin Swing. Musiker u.a. bei Locust Fudge. 2000 Soziologie-Diplom mit Schwerpunkt Kriminologie. Derzeit Sachbearbeiter im Amt für Verkehr (Team West) bei der Stadtverwaltung Bielefeld. Freier Mitarbeiter bei der lokalen Fussball-zeitschrift footb.OWL und diversen Fanzines. Musiker bei Me in the Rye.

Michael Baute arbeitet als Drehbuchlektor in Berlin.

Judith Berges wurde 1978 in Norden geboren, besuchte von 1994 bis 1998 das Oberstufenkolleg der Universität Bielefeld und lebt in Berlin.

Silvia Bose, 1966 in Bad Pyrmont geboren, studierte Germanistik und Geschichte in Kiel und Bielefeld. Nach fünf Jahren beim Bielefelder StadtBlatt ist sie jetzt als freie Journalistin für Hörfunk, Fernsehen und Print unterwegs.

Katja Dammann wurde 1970 in Ostwestfalen geboren, trinkt Rotwein und schreibt manchmal einen Text.

Verena Sarah Diehl, geb. 1978, Diplom-Museologin, trotzdem oder deshalb schon wieder Studentin und freie Autorin in Berlin. Kurzgeschichten in diversen Antho-logien (u.a. „Schöner Kommen", Querverlag 2000) und Mitarbeit im Verbrecher Ver-lag. Arbeitet gerade an einer Ausstellung über Frauenfußball.

Tatjana Doll, geboren 1970 in Burgsteinfurt/NRW. Publikationen (Auswahl): „Doll" (Verbrecher Verlag, Berlin, erscheint 2004), „Disabled Parking" (Städtische Galerie, Gladbeck 2003), „The Big Show" (NICC, Antwerpen 2002), „Urgent Painting" (ARC, Paris 2002), „Kreuzbergbuch" (Verbrecher Verlag, Berlin 2002), „Kunst und Bau" (MASQT, Düsseldorf 2002) „Kunstfondskunstraum" (Kunstfonds e.V., Bonn 2001), „Schnitt 2000" (Kunstverein der Rheinlande und Westfalen, Düsseldorf 2000)

Dirk Dresselhaus spielte oder spielt in den Bands Hip Young Things, Locust Fudge, Paincake und Angel, macht auch als Schneider TM elektronische Musik, moderierte eine zeitlang das Musikmagazin Wah Wah auf Viva 2 und arbeitet mit Kptmichigan zusammen in einem Duo namens Dr. Drek. Diverse Tonträger.

Lutz Erkenstädt lebt in Berlin und heißt ganz anders.

Michael Girke ist Filmkritiker, lebt und arbeitet in Herford. Er schriebt regelmäßig u.a. für Ästhetik & Kommunikation, Freitag, junge Welt, Filmdienst, Jungle World, New Filmkritik und nachdemfilm.de.

Oliver Grajewski, geb. 1968. Zwischen 1991 und 1997 absolvierte er ein Meisterschülerstudium an der Hochschule der Bildenden Künste, bei Dieter Appelt, in Berlin. Zur Zeit zeichnet er für verschiedene Zeitungen und arbeitet an der neuen Ausgabe seines Magazins „Tigerboy", dessen Nummern 16 bis 20 im Verbrecher Verlag erschienen sind.

Monika Großerüschkamp, geboren 1968 und aufgewachsen in Schloß Holte, hat sich seit unmotivierten Studienversuchen durch verschiedene Jobs Butterbrot, Miete und eine umfangreiche Plattensammlung finanziert. Nach längerem Aufenthalt in Dublin lebt sie seit Mai 2003 wieder in Berlin. Sie schreibt sporadisch.

Martin Heckmanns, 1971 in Mönchengladbach geboren, in Herford Abitur gemacht, in Bielefeld studiert, lebt in Berlin. Zuletzt erschienen Finnisch und Kränk in der Edition Suhrkamp.

Bernadette La Hengst, geboren in Bad Salzuflen, lebt und arbeitet als Musikerin, Theatermacherin und Autorin in Hamburg. Nach der Beteiligung in mehreren Bands (u.a. Die Braut haut ins Auge) begann sie eine Solokarriere. 2002 erschien „Der beste Augenblick" (Trikont).

Rembert Hüser, von 1982 bis 1992 in Bielefeld. Versuchte erst im Wohnheim Jakob-Kaiser-Strasse den Wohnrekord des Iraners zu brechen, wohnte dann gegenüber vom Weihnachtsmarkt-Kinderkarussell „Hier hält der Feuerwehrwagen" an der Altstädter Nicolaikirche. Großer Fan von Forum Enger und AJZ-Kinogruppe.

Meike Jansen, 1968, Osnabrück, sozialisiert in Ostwestfalen lebt und arbeitet in Berlin für die taz, als Gastkuratorin für den club transmediale 04, schreibt für die Beam me up und fotografiert für Verbrecher. Hobby: Klavier spielen.

Paul Kaltefleiter, 1969 in Gütersloh geboren, ist in Verl groß und stark geworden und lebt seit 1997 in Bielefeld. Er arbeitet als Redakteur im Text- und Redaktionsbüro omnibooks.

Katz + Goldt sind Stefan Katz und Max Goldt. Zusammen veröffentlichten die Bände: „Koksen um die Mäuse zu vergessen", „Wenn Adoptierte den Tod ins Haus bringen", „Oh, Schlagsahne! Hier müssen Menschen sein" und „Ich Ratten". Sie arbeiten regelmässig für die Titanic und andere Magazine.

Florian Kirchhof lebt in Ljubljana. Er dreht seine Zigaretten selbst.

Jens Kirschneck, geboren 1966 in Minden. Früher Redakteur beim Bielefelder StadtBlatt, seit 1998 freier Autor und Journalist. Schreibt u.a. für Süddeutsche Zeitung, Frankfurter Rundschau, das Fußballmagazin footb.OWL sowie die Almpost, Stadionzeitung des chronischen Fahrstuhlklubs Arminia Bielefeld. Mitbesitzer eines Fußballadens sowie Mitglied der Lesebühne Zirkeltraining.

Käthe Kruse, geboren 1958 in Bünde/ Westfalen, lebt seit 1981in Berlin, war von 1982 - 1987 Mitglied der Künstlergruppe „Die Tödliche Doris", hatte seit 1987 zahlreiche Ausstellungen und Performances im In- und Ausland, studierte von 1990 - 1997 Visuelle Kommunikation an der Hochschule der Künste Berlin, Meisterschülerin, ist 1991 durch Heirat Schweizerin geworden, hat zwei Kinder, arbeitet als freischaffende Künstlerin, Sängerin, Buchhalterin und Handarbeitslehrerin.

Klaus Linnenbrügger, Jahrgang '69, Journalist, lebt mittlerweile in Hamburg.

Nicole Mahne, geboren 1972 in Verl, findet 2004 zurück nach Bielefeld, wo sie überraschend zu Ruhm und Ehren kommt.

Jochen Möller, geb. 1970 im Johannesstift Schildesche, hat in Bonn und Alexandria Politik- und Islamwissenschaften (Arabisch) studiert und entwicklungspolitische Studien in Ägypten und Tansania durchgeführt. Wenn er nicht am Schreibtisch sitzt oder in der Ferne schweift, legt er gern elektronische Musik auf und schreibt Rezensionen. Auf seiner Website www.jochenm.de gibt es weitere Texte und Infos.

Max Müller wurde 1963 in Wolfsburg/VW geboren. Er siedelte jung nach Berlin über, wo er malt, filmt und schreibt. Veröffentlichung: „Musikcafé Wolfsburg" (Verbrecher Verlag, Berlin)

Wolfgang Müller, lebt in Reykjavík und Berlin. Gründungsmitglied der Band und Kunstgruppe „Die Tödliche Doris", Herausgeber und Autor von „Geniale Dilletanten", (Merve-Verlag Berlin, 1982) organisierte „Elfenrundgänge" durch Kreuzberg, zahllose Auftritte im In- und Ausland. Arbeitet als Regisseur, Musiker, schreibt Hörspiele, ist bildender Künstler, taz-Kolumnist, Buchautor und Islandspezialist. Bücher (Auswahl): „Blue Tit - das deutsch-isländische Blaumeisenbuch" (Martin Schmitz Verlag, Kassel), „Die Elfe im Schlafsack" (Verbrecher Verlag, Berlin). Zuletzt erschien die CD „Mit Wittgenstein in Krisuvík – zweiundzwanzig Elfenlieder für Island" (a-Musik)

Naatz (der) ist der Mark Twain des geschriebenen Wortes: Viele sähen ihn am liebsten zwei Faden tief unterm Kiel.

Andreas Rüttenauer lebt als Autor und Sportreporter seit acht Jahren in Berlin. Zuletzt erschien von ihm der Roman „Pokalfinale" im Verbrecher Verlag.

Christian Y. Schmidt, 1956 in Oswaldiwostok geboren, war langjähriger Titanic-Redakteur. Ende der Neunziger versuchte er zwei Mal erfolglos den besten Außenminister aller Zeiten, J. Fischer, zu stürzen. Schmidt setzte sich Anfang 2003 nach Südostasien ab und gilt seitdem als verschollen.

Luka Skywalker, geb. '63, aufgewachsen in und um Bielefeld, vor der Maueröffnung 'ne kurze und beschissenen Zeit in Berlin gehabt, danach in Hamburg durchgestartet. Gitarristin bei den Pale Biskids und Kaff, dann DJ on Asskick Mission, und Bassistin bei Brüllen. Partydiktatorin. Radiomoderatorin und Journalistin bei FSK und verschiedenen Zeitungen, u.a. Testcard. Geschichtenerzählerin. Seit Juli '03 Betreiberin der guten alten Marktstube in Hamburg.

Katja Striethörster, 1973 in Halle/Westfalen geboren. Finanzierte sich ihren distinguierten Lebensstil bisher mit Spielzeugverkaufen, Prospektverteilen, Schwimmbadkioskbedienen, Copyshoprocken, Schuhlagerpacken, Croquetaxifahren, Schräubchenkontrollieren, Randstundenanimieren, Randgruppenamüsieren, Druckereiaushelfen, Nachtwacheschieben, wissenschaftlich Assistieren, Medienmobilisieren, Empfangsdamesimulieren und, aktuell, Deutscherklären. Am liebsten erklärt sie Plusquamperfekt. Manchmal vermisst sie die Schraubenfabrik, aber die ist inzwischen geschlossen.

Ambros Waibel, geboren 1968. Er studierte in München, Venedig und Marburg und war dort Mitbegründer von Waggonhalle/Theater Gegenstand. Zur Zeit arbeitet er zusammen mit Matthias Penzel an einer Biographie Jörg Fausers, die im Sommer 2004 bei Edition Tiamat erscheinen wird. Bücher: „Schichten. Novellen und Berichte." (edition selene, Wien 1999), „My private BRD. Geschichten." (Verbrecher Verlag, Berlin 2002), „Imperium eins. Drei römische Erzählungen." (Verbrecher Verlag, Berlin 2003).

Silke Wollgarten, Juristin, 1971 in der Eifel geboren, 1993 in Bielefeld Studium, anschließend Promotion, 2002 Umzug nach Berlin.

VERBRECHER
VERLAG

KREUZBERGBUCH

(Hrsg.: Verena Sarah Diehl,
Jörg Sundermeier, Werner
Labisch)
Taschenbuch
160 Seiten
12,30 €, 24 SFr
ISBN: 3-935843-06-2

In den 80ern war Kreuzberg ein Mythos. Berlinerinnen und Nichtberliner, West- und Ostdeutsche, Migranten und Rucksacktouristen schwärmten von diesem Bezirk oder machten einen weiten Bogen drum herum, lebten hier oder wollten hier leben. Kurz: sie träumten von Kreuzberg. Ein Rückblick ohne Verklärung und Wehmut, gut gelaunt.

Texte und Bilder von: Doris Akrap, Jim Avignon, Annette Berr, Françoise Cactus, Tatjana Doll, Sonja Fahrenhorst, Oliver Grajewski, Darius James, Meike Jansen, Jürgen Kiontke, Almut Klotz, Dietrich Kuhlbrodt, Leonhard Lorek, Max Müller, Wolfgang Müller, Thorsten Platz, Christiane Rösinger, Sarah Schmidt, Stefan Wirner, Deniz Yücel.

MITTEBUCH

(Hrsg.: Verena Sarah Diehl,
Jörg Sundermeier, Werner
Labisch)
Taschenbuch
208 Seiten
12,30 €, 24 SFr
ISBN: 3-935843-10-0

Berlin-Mitte ist der Bezirk, der zugleich symbolhaft für das steht, was die Konservativen wie die Sozialdemokraten für sich reklamieren: die Mitte. Doch was ist das? Im Mittebuch finden sich Reportagen, Geschichten und Bilder, die belegen, dass die Mitte alles andere ist, als das, was sich Politik und Wirtschaft erhofft haben. Mit Beträgen von: Lilian Mousli, Tanja Dückers, Ambros Waibel, Rattelschneck, Christiane Rösinger, Heike Blümner, Almut Klotz, David Wagner u.v.a.

Verbrecher Verlag   Gneisenaustraße 2a   10961 Berlin
www.verbrecherei.de   info@verbrecherei.de

**VERBRECHER
VERLAG**

Max Müller
**MUSIKCAFÉ
WOLFSBURG**

Geschichten und
Zeichnungen
Taschenbuch
110 Seiten
12,30 €, 24 SFr
ISBN 3-9804471-7-0

„Müllers Texte sind weit entfernt von der billigen
Faszination des Morbiden, mit den Stilmitteln der
Groteske und des Splatterfilms wird eine zutiefst
moralische Botschaft vermittelt."
Christiane Rösinger / FAZ

Wolfgang Müller
**DIE ELFE IM
SCHLAFSACK**

Geschichten und
Zeichnungen
Taschenbuch
108 Seiten
12,30 €, 24 SFr
ISBN 3-935843-04-6

Der Elfenexperte Wolfgang Müller arbeitet mit Gestalten der isländischen Mythologie und entführt sie in die
heutige Zeit. So ist von einem Handelskrieg unter
Zwergen zu lesen, vom Odinshühnchen, das die Ge-
schlechterrollen in Frage stellt, und von einem männlichen Wasserfall-nymph, der sein Coming Out in warmen Quellen erlebt. Komplettiert wird das Buch durch
eine Zitatensammlung, in der sich prominente Islän-
derinnen und Isländer zu Elfen und Zwergen äußern.

Verbrecher Verlag   Gneisenaustraße 2a   10961 Berlin
www.verbrecherei.de   info@verbrecherei.de

VERBRECHER
VERLAG

Tom Combo
VIELLEICHT NUR
TEILZEIT

Geschichten und Reportagen
Taschenbuch
128 Seiten
12,30 €, 24 SFr
ISBN 3-935843-05-4

Ist der nette Junge von nebenan ein Mörder? Und warum hat der Auftragskiller keine Kinder? Die Geschichten und Reportagen in „Vielleicht nur Teilzeit" drehen sich um das Normale im Außergewöhnlichen und um das Außergewöhnliche in der Normalität. Die Protagonisten sind Nachtwächter, Bahnhofstricher, Architektinnen oder jugendliche Selbstmordpillenschlucker. Das Feingefühl des Kunst-Wrestlers trifft hier auf die Melancholie eines Müllfahrers, während eine hochbegabte Seerobbe der Jugend erklärt, wieso sie sich nicht in die Realität flüchten soll. Im stetigen Wechsel der Perspektiven kann plötzlich Banales bedeutsam, kann eine heimliche Untiefe zur unheimlichen Tiefe werden, in der vielleicht eine seltsame Band in einem versenkten Landdisco-Dixieklo spielt.

Verbrecher Verlag   Gneisenaustraße 2a   10961 Berlin
www.verbrecherei.de   info@verbrecherei.de

**VERBRECHER
VERLAG**

Barbara Kirchner/
Dietmar Dath
**SCHWESTER
MITTERNACHT**

Roman
350 Seiten
16 €, 30 SFr
ISBN: 3-935843-14-3

Dietmar Dath und Barbara Kirchner, beide profilierte Wissenschafts- und Science-Fiction-Autoren, haben diesen Roman gemeinsam verfasst. Es dreht sich um Himmel und Hölle, um den Krieg zwischen Terroristen und Regierungen, um Sex, Sex, Sex und um die Droge „Schwester Mitternacht", die auch die Hirne der WissenschaftlerInnen benebelt. Eine packende Story und zugleich eine Gesellschaftssatire.

Barbara Kirchner
**DIE VERBESSERTE
FRAU**

Taschenbuch
240 Seiten
14,30 €, 28 SFr
ISBN 3-935843-01-01

„Die verbesserte Frau" wurde zu einem der zehn besten deutschsprachigen Science-Fiction-Bücher des Jahres 2001 gewählt.
„Bettina, gescheiterte Studentin, verknallt sich über Umwege in die mysteriöse Neurowissenschaftlerin Ursula. Das ist der einfache Teil an Barbara Kirchners Thriller. Kirchner läßt hier ihre wissenschaftliche Erfahrung einfließen, die sie als promovierte theoretische Chemikerin gesammelt hat. Fazit: In einem Satz durchlesen und sich über die Schlechtigkeiten der Welt wundern!"
Sabine König / Lespress

Verbrecher Verlag   Gneisenaustraße 2a   10961 Berlin
www.verbrecherei.de   info@verbrecherei.de

**VERBRECHER
VERLAG**

Ambros Waibel
MY PRIVATE BRD

Taschenbuch
110 Seiten
12 €, 22 SFr
ISBN 3-935843-12-7

In „My private BRD" wird in 13 Geschichten von
einem jungen Mann erzählt, der im München der siebziger und achtziger Jahre sich und seiner Familie
zuschaut – Vater und Mutter sind zerstritten, der eine
Bruder ist ein Aushängeschild des Tennisclubs, der
andere neigt zur radikalen Linken, die Welt besteht aus
COOP und Kellergeister-trinkenden Nachbarn, sie
besteht aus Omas, Tanten, BMW, Amerikanern und
natürlich der Bundeswehr.

Das Private ist politisch - Ambros Waibel gibt diese
Binsenweisheit an die Achtundsechziger zurück und
stellt die berechtigte Frage, warum die "Reformer nicht
einfach in die modernen, bereits mit jeder Schalldurch-
lässigkeit ausgestatteten Häuser zogen, anstatt in Alt-
bauten die Türen zu entfernen?" Solche allgemeineren
Betrachtungen ergänzen die persönlichen Erinnerungen des Erzählers, der offenbar mehr oder weniger mit
Ambros Waibel identisch ist. So wird aus "My private
BRD" zuletzt ein längerer Essay über das langsame
Verschwinden der alten Bundesrepublik, der seinen
Schlusspunkt aus der bayerischen Perspektive konse-
quenterweise "88/89" findet: mit dem Fall der Mauer
und dem Tod von Franz Josef Strauß.

Kolja Mensing / TAZ

Verbrecher Verlag   Gneisenaustraße 2a   10961 Berlin
www.verbrecherei.de   info@verbrecherei.de